Pocket-Sprachkurs
KROATISCH
Lernen in kleinen Portionen
Mit Audio-Download

von
Martina Levačić

PONS

Pocket-Sprachkurs

KROATISCH

Lernen in kleinen Portionen
Mit Audio-Download

von Martina Levačić

Die Inhalte dieses Buches sind zum Teil identisch
mit ISBN 978-3-12-562810-6

4. Auflage 2025

Redaktion: Sascha Kern, Nataša Lukić
Logoentwurf: Erwin Poell, Heidelberg
Logoüberarbeitung: Sabine Redlin, Ludwigsburg
Layout: Meike Elsasser, Hildrizhausen
Satz: digraf.pl - dtp services
Druck und Bindung: Multiprint Ltd., Kostinbrod

ISBN: 978-3-12-562433-7

Sie möchten in kleinen Portionen erste Kenntnisse in Kroatisch erlangen? Mit dem **Pocket-Sprachkurs Kroatisch** haben Sie zwei Möglichkeiten, um schnell und einfach zu lernen – je nachdem, wie viel Zeit Sie aufwenden möchten.

1. Sie haben nicht viel Zeit? Kein Problem!

Beginnen Sie direkt mit den **MITREDEN!-Seiten**. Die zehn farbig hinterlegten Seiten, die im ganzen Buch verteilt sind, fassen die wichtigsten Wörter und Sätze zusammen.

- Sie lernen das Allerwichtigste, um sich vor Ort zu verständigen.
- Sie können die für Sie wichtigen Themen in beliebiger Reihenfolge lernen.

MITREDEN!

2. Sie möchten tiefer einsteigen? Auch kein Problem!

Mit den **25 Mini-Lektionen** können Sie ganz einfach Grundkenntnisse in Kroatisch erlangen und mitreden.

- Jede Lektion besteht aus vier Seiten. Hier werden alle wichtigen **Themen rund um Urlaub und Alltag** behandelt.
- In den **Übungen** können Sie das Gelernte sofort trainieren.
- Die **Lösungen** dazu finden Sie immer auf der rechten Seite unten.

Folgende **Symbole** werden Ihnen im Buch begegnen:

- verweist auf die zugehörige MP3-Hördatei, die Sie unter **www.pons.de/pocket-sprachkurs-KRO** finden.
- § verweist auf ein Grammatikthema, das in der allgemeinen Grammatik im Anhang ausführlicher erklärt wird.
- verweist auf interkulturelle Tipps, die Ihnen Informationen zu Land und Leuten geben.

Im **Anhang** des Buches finden Sie

- **die Grammatik:** Alle im Kurs behandelten Grammatikthemen werden hier anschaulich erklärt.
- **den Lektionswortschatz:** Hier können Sie den thematischen Wortschatz lektionsweise mitlernen.

Viel Spaß und Erfolg!
Ihre PONS-Redaktion

Kroatisches Alphabet und Aussprache  1

Buchstabe	Lautwert	Beispiel	wie in ...
a	[a]	autocesta	alle
b	[b]	banka	**B**ank
c	[ts]	centar	**Z**entrum
č	[tʃ]	Čeh	**Tsch**eche
ć	[tɕ]	kuća	~ Hü**tch**en
d	[d]	dama	**D**ame
dž	[dʒ]	džungla	~ In**g**enieur, **J**ohn
đ	[dʑ]	đak	[d] mit weichem [j]
e	[ɛ]	jezik	B**ä**cker, h**e**ll
f	[f]	telefon	Tele**f**on
g	[g]	gost	**G**ast
h	[x]	hlad	no**ch**
i	[i]	ime	M**i**nute
j	[j]	jagoda	**j**eder
k	[k]	kino	**K**ino
l	[l]	lice	**L**ampe
lj	[ʎ]	ljubav	~ Fami**li**e, Ta**ill**e
m	[m]	majka	**M**utter
n	[n]	novo	**n**eu
nj	[ɲ]	konjak	Co**gn**ac
o	[ɔ]	ocat	**o**ffen

p	[p]	pitanje	Park
r	[r]	roba	= Zungen-r (gerollt)
s	[s]	kosa	rei**ß**en, la**ss**en
š	[ʃ]	škola	**Sch**ule
t	[t]	torba	**T**asche
u	[u]	ulica	B**u**tter
v	[ʋ]	vino	**W**ein, **V**ioline
z	[z]	vaza	**S**onne
ž	[ʒ]	garaža	Garage, Journal

- Das kroatische Alphabet enthält 30 Buchstaben mit drei Digraphen, d.h. Buchstabenverbindungen (dž, lj, nj). Alle Silben sind klar und deutlich zu artikulieren.
- Alle Vokale (a, e, i, o, u) sind im Wesentlichen offen und müssen deutlich ausgesprochen werden.
- Bei Vokalverbindungen wird jeder Vokal deutlich ausgesprochen: reuma = re-u-ma (Rheuma).
- Das silbenbildende **r** muss deutlich ausgesprochen werden: v**r**ba, K**r**k.
- Es gibt Wörter ohne Vokale: vrt, Krk, vrh, smrt, prst, krv ...

Jede Silbe, bis auf die letzte, kann betont werden.
govọriti – sprechen, jạbuka - Apfel

Begrüßung und Abschied  2

Dobro jutro!	Guten Morgen!	**Bok (Bog)!**	Hallo! / Tschüss!
Dobar dan!	Guten Tag!	**Doviđenja!**	Auf Wiedersehen!
Dobra večer!	Guten Abend!	**Vidimo se!**	Wir sehen uns!
Laku noć!	Gute Nacht!	**Drago mi je!**	Sehr erfreut!

Sich vorstellen  3

Das Geschlecht  4

To je ...
Das ist ...

autobus (m).
ein Bus.

kuća (f).
ein Haus.

sunce / nebo (n).
die Sonne / der Himmel.

Familie 5

baka Großmutter / Oma		djed Großvater / Opa	
otac Vater	**majka** Mutter	**ujak** Onkel	**ujna** Tante
kći Tochter	**sin** Sohn	**bratić / nećak** Cousin / Neffe	**sestrična / nećakinja** Cousine / Nichte
djeca Kinder		**brat** Bruder	**sestra** Schwester

Beschreibung 6

On je ...
Er ist ...

star, visok, jak, dosadan, pametan ...
alt, groß, stark, langweilig, intelligent ...

Ona je ...
Sie ist ...

stara, visoka, jaka, dosadna, pametna ...
alt, groß, stark, langweilig, intelligent ...

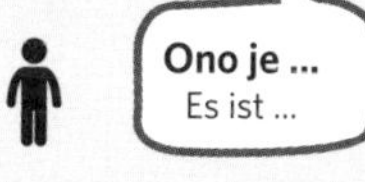

staro, visoko, jako, dosadno, pametno ...
alt, groß, stark, langweilig, intelligent ...

1

In der Umgangssprache begrüßt und verabschiedet man sich generell mit **bok**. Etwas formeller ist **dobar dan** tagsüber und morgens **dobro jutro**. Höflich verabschieden Sie sich mit **doviđenja** und **laku noć** sagen Sie, wenn Sie ins Bett gehen. Freunde begrüßen sich mit Küsschen links und rechts, ansonsten mit einem Händeschütteln.

Bok (Bog)!	*Hallo / Tschüss!*
Dobar dan!	*Guten Tag!*
Dobro jutro!	*Guten Morgen!*
Dobra večer!	*Guten Abend!*
Laku noć!	*Gute Nacht!*
Doviđenja!	*Auf Wiedersehen!*
Do skorog viđenja!	*Bis bald!*
Do sutra!	*Bis morgen!*
Vidimo se!	*Wir sehen uns!*
Drago mi je.	*Sehr erfreut.*

2  7

Erschließen Sie aus den Kurzdialogen wie man **Wie geht's Ihnen? =** ________, **danke =** ________ und **gut =** ________ sagt. Verbinden Sie.

1. Ja sam Ana, a tko ste Vi? ____ **A** Hvala, dobro.

2. Kako ste? ____ **B** Drago mi je Marko.

3. Idem spavati. ____ **C** Drago mi je. Ja sam Ivan.

4. To je Marko. ____ **D** Laku noć!

  7.1.2

sam und **ste** sind die konjugierten Formen des Verbs **biti** (sein). Im Folgenden sehen Sie die Präsensformen:

(ja) sam	*ich bin*	**(mi) smo**	*wir sind*
(ti) si	*du bist*	**(vi) ste**	*ihr seid/Sie sind*
on/ona/ono je	*er/sie/es ist*	**oni/one/ona su**	*sie sind*

Achtung: Die Personalpronomen **ja, ti, mi** und **vi** werden im Kroatischen meist weggelassen.

Die 2. Person Plural wird auch als Höflichkeitsform „Sie" verwendet.

  8

Auf den Bildern sehen Sie verschiedene Personen, die sich selbst oder jemanden vorstellen. Ergänzen Sie die Sätze.

1. To ____________ Ana i Marko.

3. Dobar dan, ja ____________ Ivan.

2. To ____________ gospođa Jelačić.

4. Bok, ja ____________ Maja, a ti?

LÖSUNG

2 1C; 2A; 3D; 4B; Wie geht's Ihnen? = Kako ste?; danke = hvala; gut = dobro •
4 **1.** su; **2.** je; **3.** sam; **4.** sam

  9

Folgende Dialoge zeigen Ihnen, wie man sich nach dem Wohnort und dem Heimatland einer Person erkundigt.

Odakle si? - Ja sam iz Hrvatske.
Woher kommst du? - Ich komme aus Kroatien.

A ti? - Ja sam iz Njemačke.
Und du? - Ich bin aus Deutschland.

Gdje živiš? - Živim u Zagrebu.
Wo lebst du? - Ich lebe in Zagreb.

Živiš li u Splitu? - Ne, ja živim u Puli.
Lebst du in Split? - Nein, ich lebe in Pula.

Verbinden Sie die Länder mit ihrer deutschen Entsprechung.

1.	Francuska	___ A	Deutschland
2.	Engleska	___ B	Frankreich
3.	Njemačka	___ C	Kroatien
4.	Hrvatska	___ D	Österreich
5.	Austrija	___ E	England

Lernen Sie, Angaben zu Ihrer Person zu machen.

Ja sam Hrvat/Hrvatica.	*Ich bin Kroate/Kroatin.*
Zovem se Marija.	*Ich heiße Marija.*
Prezivam se Horvat.	*Ich heiße Horvat mit Nachnamen.*
Ja sam udana/oženjen.	*Ich bin verheiratet (Frau/Mann).*
Imam jedno dijete / dvoje djece.	*Ich habe ein Kind/zwei Kinder.*
Nemam djecu.	*Ich habe keine Kinder.*
Govorim njemački i hrvatski.	*Ich spreche Deutsch und Kroatisch.*

Setzen Sie das fehlende Verb aus den Fragen in die Lücken ein. Dabei helfen Ihnen die Übersetzungsbeispiele oben.

1. Kako se zoveš? – Ja __________ Marija.
2. Kako se prezivate? – Ja __________ Novak.
3. Odakle si? – Ja __________ iz Njemačke.
4. Gdje živiš? – Ja __________ u Hamburgu.
5. Imate li djecu? – Ne, __________ djecu.
6. Govorite li hrvatski? – Da, ja __________ njemački, engleski i hrvatski.

Das Reflexivpronomen **se** steht immer an 2. Stelle! Ebenso das Verb biti: sam, se ...!

LÖSUNG

6 1B; 2E; 3A; 4C; 5D • **8** **1.** se zovem; **2.** se prezivam; **3.** sam; **4.** živim; **5.** nemam; **6.** govorim

Im Kroatischen gibt es keine Artikel! Ob ein Substantiv maskulin (m), feminin (f) oder neutral (n) ist, erkennen Sie an seiner Nominativendung.

suprug / supruga	*Ehemann / Ehefrau*
prijatelj / prijateljica	*Freund / Freundin*
brat	*Bruder*
sestra	*Schwester*
sin	*Sohn*
kći	*Tochter*

1  2  

Ordnen Sie den Bildern die passenden Wörter zu.

1. **A** auto(mobil) (m) **B** autobus (m) **C** zrakoplov (m)
2. **A** dvorana (f) **B** zgrada (f) **C** kuća (f)
3. **A** dijete (n) **B** sunce (n) **C** nebo (n)

Finden Sie mit Hilfe der Substantive aus Übung 2 die passenden Regeln:

1. Maskuline Substantive ...
   - **A** enden auf einen Vokal (a, e, i, o , u)
   - **B** enden auf einen Konsonanten (z. B. l, s, v)

2. Feminine Substantive ...
   - **A** enden auf -a
   - **B** enden auf -i

3. Neutrale Substantive ...
   - **A** enden auf -e oder -o
   - **B** enden nur auf -e

 12

Folgende Sätze können Ihnen helfen, wenn Sie etwas nicht verstehen.

Oprostite!	*Entschuldigung!*
Žao mi je!	*Es tut mir leid!*
Molim?	*Wie bitte?*
Što je to?	*Was ist das?*
Tko je to?	*Wer ist das?*
Ne znam.	*Ich weiß nicht.*
Ne razumijem.	*Ich verstehe nicht.*
Hvala!	*Danke!*

Nur eine Antwort passt. Kreuzen Sie an.

1. Što je to?
   - **A** To je Ivana.
   - **B** To je moja mama.
   - **C** To je kuća.

2. Tko je to?
   - **A** To je stol.
   - **B** To je Marko.
   - **C** To je vino.

LÖSUNG

2 1A; 2C; 3B • **3** 1B; 2A; 3A • **5** 1C; 2B

Die Verwandtschaftsverhältnisse werden im Kroatischen unterschieden in blutsverwandt und angeheiratet, mütterlicher- oder väterlicherseits.

majka	*Mutter*
otac	*Vater*
baka	*Großmutter, Oma*
djed	*Großvater, Opa*
ujak	*Onkel (mütterlicherseits)*
stric	*Onkel (väterlicherseits)*
teta	*Tante (beides, blutsverwandt)*
ujna	*Tante (mütterlicherseits, angeheiratet)*
strina	*Tante (väterlicherseits, angeheiratet)*
nećak/nećakinja	*Neffe/Nichte*
bratić	*Cousin*
sestrična	*Cousine*
unuk(a)	*Enkel(in)*
šogor(ica)	*Schwäger(in)*

Im folgenden finden Sie die Konjugation des Verbes **imati** (haben).

(ja) imam	**(mi) imamo**	+ Akkusativobjekt wie z. B. brat**a**, sestr**u**, dijet**e** (einen Bruder, eine Schwester, ein Kind)
(ti) imaš	**(vi) imate**	
on/ona/ono ima	**oni/one/ona imaju**	

8

Ergänzen Sie den Lückentext mit den Wörtern in Klammern in der jeweils passenden Form.

Ja (f) sam (verheiratet) __________ i (haben) __________ dvoje djece, (Sohn) __________ i (Tochter) __________. Moj (Vater) __________ ima (Schwester) __________, moju (Tante) __________ Anu. Mamin brat je moj (Onkel, mütterlicherseits) __________.

9

In folgender Tabelle sehen Sie die Akkusativendungen im Singular. Bilden Sie dann den Akkusativ.

Bei unbelebten maskulinen Substantiven (Gegenständen) wird im Akkusativ keine Endung angehängt.

	Nominativ Sg.	Akkusativ Sg.
m	brat	brat-**a**
f	sestra	sestr-**u**
n	dijete	= Nominativ

1. *Ja imam (Oma) __________.*

2. *On ima (Onkel väterlicherseits) __________.*

3. *Imaš li (Enkel) __________?*

LÖSUNG

8 *udana, imam, sina, kćer; otac, sestru, tetu; ujak* • **9** **1.** *baku;* **2.** *strica;* **3.** *unuka*

Adjektive werden genutzt, um Substantive näher zu bestimmen. Im Kroatischen richten sich die Adjektive nach dem Geschlecht, der Zahl und dem Fall der Substantive. Es gibt bestimmte und unbestimmte Adjektive.

Beispiel: **stari, stara, staro** – alt

	m	f	n
Sg.	-i	-a	-o/-e
Pl.	-i	-e	-a

Bei unbestimmten Adjektiven fällt nur bei maskulinen Adjektiven die Endung weg: Ovaj auto je **star**.

2

Verbinden Sie die Substantive mit dem passenden Adjektiv.

1. manekenka (Model)	___ **A** stara (alt)
2. pjevač (Sänger)	___ **B** duga (lang)
3. čovjek (Mann)	___ **C** popularan (berühmt)
4. kosa (Haare)	___ **D** moderna (modern)
5. pas (Hund)	___ **E** visoka (hoch/groß)
6. odjeća (Kleidung)	___ **F** mlad (jung)
7. baka (Oma)	___ **G** pametan (klug)

Im Folgenden sehen Sie Begriffe, die sich auf das Aussehen beziehen. Ordnen Sie die Begriffe den Bildern zu.

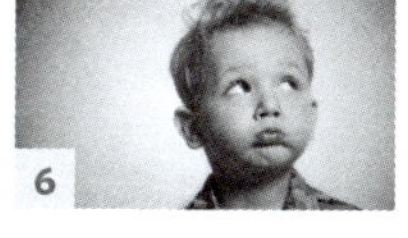

A __ visoka (***groß***) **B** __ plava (***blond****) **C** __ naočale (***Brille***)
D __ mali (***klein***) **E** __ jak (***stark***) **F** __ brada (***Bart***)

* *blonde Haare, ansonsten heißt* **plav** *blau*

Das Wort **naočale** steht im Plural (feminin), bezeichnet jedoch nur eine Brille. Es gibt im Kroatischen Wörter, deren Formen ausschließlich im Plural vorkommen (Plurale tantum).

Naočale <u>su</u> čiste. – Die Brille ist sauber.

Weitere Wörter dieser Art sind z.B. **vrata** Tür, **novine** Zeitung, **hlače** Hose.

> Beim Plurale tantum muss auch das <u>zugehörige Prädikat</u> im Plural stehen!

LÖSUNG

2 1E; 2C; 3F; 4B; 5G; 6D; 7A • **3** A4; B3; C2; D6; E5; F1

Diese Adjektive können Sie für die Beschreibung von Personen und Dingen gebrauchen.

star, stara, staro *alt*
pametan, -na, -no *intelligent*
popularan, -na, -no *beliebt*
moderan, -na, -no *modern*
plav, -a, -o *blond (auch blau)*
jak, -a, -o *stark*
zanimljiv, -a, -o *interessant*
dosadan, -na, -no *langweilig*
uredan, -na, -no *ordentlich*
žalostan, -sna, -sno *traurig*
visok, visoka, visoko *hoch*
mlad, -a, -o *jung*
mali, -a, -o *klein*
dug, -a, -o *lang*
nov, -a, -o *neu*
nizak, -ska, -sko *niedrig*
dobar, -ra, -ro *gut*
bijel, -a, -o *weiß*
ozbiljan, -na, -no *ernst*
veseo, -la, -lo *fröhlich*

Bei vielen Wörtern, die ein „a“ an vorletzter Stelle in der Grundform haben, kommt es zu einer Veränderung, die „flüchtiges a“ genannt wird. Das „a“ verschwindet in verschiedenen Formen, taucht in anderen hingegen wieder auf. Ordnen Sie den maskulinen Adjektiven die passenden weiblichen Formen zu.

1. simpatič**a**n ___ **A** dobra
2. ured**a**n ___ **B** stolci
3. dob**a**r ___ **C** utorci
4. dosad**a**n ___ **D** uredna

5. pamet**a**n ___ E dosadna

6. utor**a**k ___ F simpatična

7. stol**a**c ___ G pametna

7

Betrachten Sie das Foto und beschreiben Sie die Person. Machen Sie Angaben zu Haarfarbe, Frisur, Größe und Alter. Sieht die Person fröhlich oder traurig aus?

To je ______________________________

____

____

____

Beschreiben Sie nun sich selbst. Unterstreichen Sie die Variante, die am ehesten auf Sie zutrifft.

Ja sam (muškarac / žena). Imam (crnu / smeđu / plavu / crvenu / sijedu) kosu. Moja kosa je (duga / kratka). Ja sam (visok(a) / nizak (niska)). Ja sam (mlad(a) / star(a)). Ja sam (veseo(-la) / žalostan (-na)). Imam (malu / veliku) kuću / (mali / veliki) stan.

LÖSUNG

6 1F; 2D; 3A; 4E; 5G; 6C; 7B • **7** To je žena. Ona je mlada. Ima dugu plavu kosu. Ona je vesela

Kroatien ist ein beliebtes Urlaubsziel. Schon der Dichter **G. B. Shaw** schwärmte von Dubrovnik als das Paradies auf Erden.

 15

Draga Ana!

Kako si? Ja sam odlično. Sada sam u Dubrovniku. Jesi li znala da tu u gradu ne voze auti? Moj odmor u Hrvatskoj je vrlo lijep.

Vidimo se!
Puno pozdrava!
Tvoja Marija

Kako si? *Wie geht's?*
Puno pozdrava! *Viele Grüße!*
vrlo lijep *sehr schön*
Vidimo se! *Wir sehen uns!*
odlično *ausgezeichnet*
odmor *Urlaub*

Die betonte Form des Hilfsverbs **biti** (sein) wird u.A. für die Fragebildung verwendet:

(ja) jesam	**(mi) jesmo**	+ Fragepartikel **li**
(ti) jesi	**(vi) jeste**	
on/ona/ono je	**oni/one/ona jesu**	

Die unbetonte Form von biti (sam, si, ...) kennen Sie ja bereits.

Bok Marko!

Kako si? Gdje si ti na odmoru? Ja i prijatelj smo u Hrvatskoj na moru. Ovdje je vrlo lijepo i toplo.

Kada se vidimo?
Lijep pozdrav!
Ivan

3 16

Finden Sie die korrekte Übersetzung der Fragewörter.

1. kako ____ **A** wann
2. što ____ **B** wie
3. kada ____ **C** wer
4. tko ____ **D** wo
5. gdje ____ **E** was

LÖSUNG

3 1B; 2E; 3A; 4C; 5D

Welche Aussagen zu den Postkarten stimmen?

	R	F
1. Ana je u Splitu.		
2. U Dubrovniku ne voze auti.		
3. Anin odmor je vrlo lijep.		
4. Ivan je u Italiji.		
5. On je na moru.		
6. Ivan je sam na odmoru.		

Finden Sie in den Buchstabenschlangen die Antworten auf die Fragen.

1. Tko je to?	GOPJTOJEIVANGAIFAD
2. Kako si?	LKAOSIDOBROSAMILE
3. Gdje si ti?	RJASAMUZAGREBUMI
4. Kada se vidimo?	JKLVIDIMOSESUTRAM
5. Što je to?	HČŽŠTOJESTOLBVCSD

Lernen Sie nun das nächste Verb und seine Präsens-Konjugation: **znati** (wissen / können).

(ja) znam	**(mi) znamo**
(ti) znaš	**(vi) znate**
on/ona/ono zna	**oni/one/ona znaju**

Ja znam hrvatski. – *Ich kann Kroatisch.*

Ja znam to. – *Ich weiß das.*

Die meisten Verben, die im Infinitiv Präsens auf -ati enden, werden nach diesem Schema konjugiert: -am, -aš, -a, -amo -ate, -aju

  18

Znaš li ...? / *Weißt du, ...?*

Stellen Sie Fragen mit dem Fragepartikel **li** nach folgendem Beispiel und hören Sie sich anschließend die Fragen an.

Gdje je Dubrovnik? Znaš li gdje je Dubrovnik?

1. Gdje je Split? ______________________
2. Kada se vidimo? ______________________
3. Tko je to? ______________________

In Verbindung mit **da**: **znaš da** ... heißt es: du weißt, dass ...

Ti znaš da volim more. – *Du weißt, dass ich das Meer mag.*
Ja znam da si u Splitu. – *Ich weiß, dass du in Split bist.*

LÖSUNG

4 1. falsch; **2.** richtig; **3.** richtig; **4.** falsch; **5.** richtig; **6.** falsch • **5 1.** To je Ivan; **2.** Dobro sam; **3.** Ja sam u Zagrebu; **4.** Vidimo se sutra; **5.** To je stol. • **7 1.** Znaš li gdje je Split?; **2.** Znaš li kada se vidimo?; **3.** Znaš li tko je to?

Lebensmittel  19

mlijeko
Milch

kruh
Brot

jaja
Eier

maslac
Butter

brašno
Mehl

voće
Obst

Einkaufen  20

Dobar dan. Koliko koštaju banane?
Guten Tag. Wie viel kosten die Bananen?

Banane koštaju deset kuna.
Die Bananen kosten zehn Kuna.

Može.
In Ordnung (nehme ich).

Izvolite. Još nešto?
Bitte sehr. Noch etwas?

Ne, hvala. Doviđenja!
Nein, danke. Auf Wiedersehen!

Zahlen 21

1	jedan, -na, -no	**11**	jedanaest	**21**	dvadeset jedan	**40**	četrdeset
2	dva, dvije, dva	**12**	dvanaest	**22**	dvadeset dva	**50**	pedeset
3	tri	**13**	trinaest	**23**	dvadeset tri	**60**	šezdeset
4	četiri	**14**	četrnaest	**24**	dvadeset četiri	**70**	sedamdeset
5	pet	**15**	petnaest	**25**	dvadeset pet	**80**	osamdeset
6	šest	**16**	šesnaest	**26**	dvadeset šest	**90**	devedeset
7	sedam	**17**	sedamnaest	**27**	dvadeset sedam	**100**	sto
8	osam	**18**	osamnaest	**28**	dvadeset osam	**101**	sto (i) jedan
9	devet	**19**	devetnaest	**29**	dvadeset devet	**200**	dvjesto
10	deset	**20**	dvadeset	**30**	trideset	**1000**	(tisuća) tisuću

Getränke  22

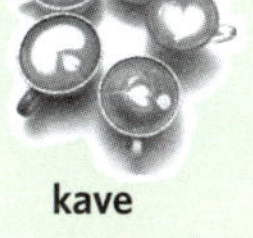

kave
Kaffees

čajevi
Tees

vode
Wasser

piva
Biere

vina
Weine

sokovi
Säfte

In Kroatien bezahlen Sie mit **kuna**, was übersetzt *Marder* bedeutet. Dies stammt aus der Zeit, als man noch mit Marderfellen bezahlte. Kleingeld heißt **lipa**, *Linde*.
Nach Mengenangaben, **nema** (ist / sind nicht da, gibt es nicht) und nach Zahlen stehen die Substantive im Genitiv.

	Genitiv Sg.	Genitiv Pl.
m	-a	-a
f	-e	-a
n	-a	-a

2 23

Hören Sie sich das Gespräch in der **pekarnica** - beim Bäcker - an.

Prodavačica: Dobar dan, što želite?
Verkäuferin: Guten Tag, was wünschen Sie?
Mušterija: Dobar dan. Molim Vas pola kruha
Kunde: Guten Tag. Bitte ein halbes Brot.
Prodavačica: Izvolite. Još nešto?
Verkäuferin: Bitte sehr. Noch etwas?
Mušterija: Ne, hvala. Koliko to košta?
Kunde: Nein, danke. Wie viel kostet das?
Prodavačica: Deset kuna.
Verkäuferin: Zehn Kuna.
Mušterija: Izvolite deset kuna. Hvala. Doviđenja!
Kunde: Zehn Kuna, bitte sehr. Danke. Auf Wiedersehen!

3

Koliko to košta? – *Wie viel kostet das?*
Ordnen Sie zu.

mlijeko (*Milch*): 5 KN
kruh (*Brot*): 6 KN
jaja (*Eier*): 10 KN/10 kom.
maslac (*Butter*): 7 KN
brašno (*Mehl*): 4 KN

1. Mlijeko košta
2. Maslac košta
3. Kruh košta
4. Brašno košta
5. Deset jaja koštaju

___ **A** šest kuna (6 KN)
___ **B** deset kuna (10 KN)
___ **C** pet kuna (5 KN)
___ **D** sedam kuna (7 KN)
___ **E** četiri kune (4 KN)

LÖSUNG

3 1C; 2D; 3A; 4E; 5B

Merken! Nach den Zahlen 2, 3, 4 steht der Genitiv Singular, nach 5 der Genitiv Plural:

1 kuna 2-4, 22-24, 32-34, ... kun**e** 5-21, 25-31, 35-41, ... kun**a**

4 § 5

Sehen Sie sich die Bilder an. Wie viele Gegenstände sehen Sie jeweils? Ordnen Sie die Zahlen den Bildern zu.

jedna • šest • dvadeset • pet • dvije • sto

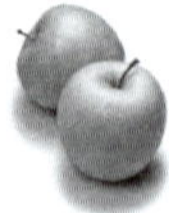

1. ______________ 2. ______________

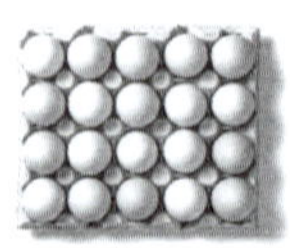

3. ______________ 4. ______________

5. ______________ 6. ______________

5

Schreiben Sie die entsprechenden Zahlen in die Lücken.

1. pedeset ____ **2.** petnaest ____

3. pedeset pet ____ **4.** pet ____

6

Hier ist eine Liste einiger Lebensmittel.

sir	*Käse*	**banana**	*Banane*
kobasica	*Wurst*	**čokolada**	*Schokolade*
kruh	*Brot*	**slatkiši**	*Süßigkeiten*
kava	*Kaffee*	**sok**	*Saft*
maslac	*Butter*	**limunada**	*Limonade*
povrće	*Gemüse*	**mlijeko**	*Milch*
voće	*Obst*	**šećer**	*Zucker*
jabuka	*Apfel*	**meso**	*Fleisch*

7

Finden Sie Lebensmittel in der Wortschlange und trennen diese durch Schrägstriche.

k r u h m a s l a c j a j a m e s o m l i j e k o l i m u n a d a

s i r k o b a s i c a j a b u k a b a n a n a č o k o l a d a k a

v a p o v r ć e v o ć e s l a t k i š i b r a š n o š e ć e r

LÖSUNG

4 1. dvije jabuke; **2.** šest banana; **3.** dvadeset jaja; **4.** sto kuna; **5.** pet kava; **6.** jedna kuća • **5 1.** 50; **2.** 15; **3.** 55; **4.** 5 • **7** kruh/maslac/jaja/meso/mlijeko/limunada/sir/kobasica/jabuka/banana/čokolada/kava/povrće/voće/slatkiši/brašno/šećer

Selten hat ein so kleines Land wie Kroatien eine solche Vielfalt an Speisen zu bieten. Jede Region hat ihre Küche. In **Slawonien** die kräftig gewürzte Wurst **kulen**, im **Zagorje štrukle**, in **Lika** die bekannte **peka** (Grillspezialitäten unter der „Glocke"), in **Istrien tartufi** (Trüffel) und in **Dalmatien peka**, Fisch, Grillspezialitäten und **pašticada** (Rinderbraten mit trockenen Zwetschgen), **sarma** in ganz Kroatien. Im Norden des Landesinneren gibt es auch eine große Auswahl an Kuchen und Gebäck. Sie haben die Qual der Wahl.

Kennen Sie bereits kroatische Gerichte und Lebensmittel? Ordnen Sie zu.

1

2

3

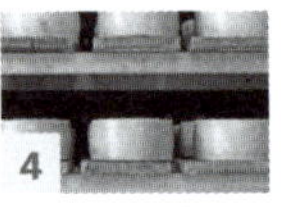
4

A ___ pršut B ___ čevapčići C ___ paški sir D ___ sarma

3 

Sehen Sie hier die Pluralendungen und vervollständigen Sie danach das Kreuzworträtsel mit den Pluralformen.

	m	f	n
Pl.	-i	-e	-a

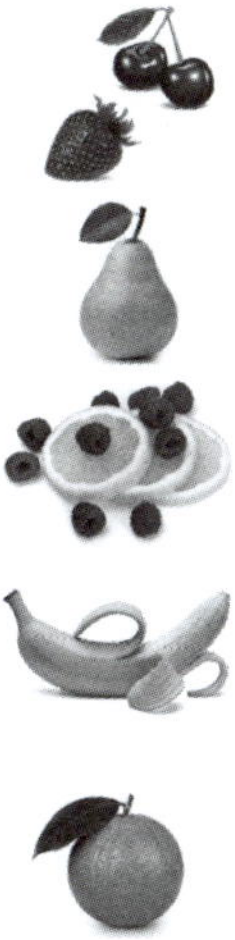

M
J
K
N
NJ

jagoda
kruška
malina
banana
naranča
trešnja
limun

Übrigens: Einsilbige maskuline Substantive, die auf **č**, **ć**, **đ**, **dž**, **ž**, **š**, **j**, **lj**, **nj** enden, bilden die Mehrzahl mit der Erweiterung **-evi**, z. B. **nož** – **noževi** (*Messer*). Alle anderen einsilbigen Wörter enden im Plural auf **-ovi**, z. B. **stol** – **stolovi** (*Tisch – Tische*).

(Ne) volim jesti/piti – *Ich esse/trinke (nicht) gerne* ... Sagen Sie was Sie (nicht) mögen.

Volim jesti ...

Ne volim jesti ...

LÖSUNG

2 1B; 2D; 3A; 4C • **3** jagode; kruške; maline; banane; naranče; trešnje; limuni • **4** z. B. mrkve; rajčice; marelice (Karotten, Tomaten, Aprikosen)

5 § 7

Hier die Präsenskonjugation von **željeti** (*wünschen/möchten*).

(ja) želim	**(mi) želimo**	+ Akkusativ
(ti) želiš	**(vi) želite**	**želim kavu**
on/ona/ono želi	**oni/one/ona žele**	*Ich hätte gerne einen Kaffee*

> Das ist das zweite Muster von Präsensendungen, das Sie kennen lernen: -im, -iš, -i, -imo, -ite, -e

6 § 1.4, 25

Was wird hier bestellt? Mit oder ohne? **Želim** ...

1. ... kavu s mlijekom.	___ **A**	Kaffee ohne Zucker
2. ... kavu bez šećera.	___ **B**	Hacksteak mit Käse
3. ... sendvič bez šunke.	___ **C**	Pfannkuchen mit Schokolade
4. ... pljeskavicu sa sirom.	___ **D**	Kaffee mit Milch
5. ... čaj s limunom.	___ **E**	Sandwich ohne Schinken
6. ... palačinke s čokoladom.	___ **F**	Tee mit Zitrone

Achtung: **bez** (ohne) + Genitiv und **s/sa** (mit) + Instrumental!

sendvič	*Sandwich*	**nož**	*Messer*
čaj	*Tee*	**žlica**	*Löffel*
šunka	*Schinken*	**tanjur**	*Teller*
palačinka	*Pfannkuchen*	**boca**	*Flasche*
limun	*Zitrone*	**vilica**	*Gabel*

Lesen Sie die Sätze aus Übung 6 noch einmal und ergänzen die Endungen für den Instrumental (7. Fall: womit? - mit wem?)

	Nom. Sg.	Instrumental Sg.
m	limun	________
f	čokolada	________
n	mlijeko	________

Achtung! Maskuline Substantive, die im Nominativ Singular auf **č**, **ć**, **dž**, **đ**, **j**, **lj**, **nj**, **š**, **ž** enden, erhalten im Instrumental Singular die Endung -**em**. Endet ein Neutrum im Nominativ bereits auf -**e**, so endet der Instrumental ebenfalls auf -**em**.

8

Ordnen Sie die Wörter den Bildern zu. Mehrfachnennungen möglich: **mlijeko**, **čaj**, **juha**, **vino**, **pivo**, **povrće**, **sok**, **riža**, **meso**, **voda**.

A B C D

A	B	C	D
________	________	________	________
________	________	________	________
________	________	________	________

LÖSUNG

6 1D; 2A; 3E; 4B; 5F; 6C • **7** m: limunom; f: čokoladom; n: mlijekom •
8 A: mlijeko, vino, pivo, sok, voda; B: mlijeko, vino, pivo, sok, voda;
C: mlijeko, čaj; D: juha, povrće, riža, meso

Wenn Sie ein umfangreiches Angebot an Gerichten und Getränken möchten, müssen Sie in ein **restaurant / restoran**. In einem **bife / buffet** erhalten Sie einen kleinen Imbiss und wenn Sie an der Küste hausgemachte Speisen probieren wollen, sollten Sie eine **konoba** besuchen.

2 26

Bringen Sie folgenden Dialog in die richtige Reihenfolge. Hören Sie danach den Dialog.

A ____ Bijelo ili crno vino?

B ____ Što želite popiti?

C ____ Dobar dan, izvolite.

D ____ Crno vino i čašu vode molim.

E ____ Dobar dan. Molim Vas pljeskavicu sa sirom, jednu porciju krumpira i jednu porciju blitve.

F ____ Molim pola litre vina.

G ____ Još nešto?

H ____ Izvolite!

I ____ To je sve.

J ____ Hvala!

Guten Appetit heißt **Dobar tek!** und Prost! heißt **Živjeli!**

Kroatischer Rotwein hat eine sehr intensive Farbe, deshalb heißt er wohl auch **crno vino** - „schwarzer Wein"

crno vino	*Rotwein*	**pljeskavica**	*Hacksteak*
bijelo vino	*Weißwein*	**porcija**	*Portion*
popiti	*trinken*	**krumpir**	*Kartoffel*
voda	*Wasser*	**blitva**	*Mangold*
čaša	*Glas*	**pola**	*halb*
još	*noch*	**nešto**	*etwas*

3

Želim ... – Ich möchte ... Übersetzen Sie folgende Sätze. Achten Sie auf den Akkusativ (*Lektion 2, Übung 8*).

1. Ich möchte einen Kaffee. ____________________

2. Ich möchte Rotwein. ____________________

3. Er möchte Mangold. ____________________

4. Wir möchten Schokolade. ____________________

5. Sie möchte Obst. ____________________

4

Morgens, mittags, abends ... Sagen Sie, was Sie zum Frühstück, Mittagessen und Abendessen essen.

1. Za doručak jedem ____________________

2. Za ručak jedem ____________________

3. Za večeru jedem ____________________

LÖSUNG

2 A5; B3; C1; D6; E2; F4; G7; H9; I8; J10 • **3 1.** Ja želim kavu. **2.** Ja želim crno vino. **3.** On želi blitvu. **4.** Mi želimo čokoladu. **5.** Ona želi voće. • **4** individuell

5 § 7.1

Das dritte Konjugationsmuster im Präsens sehen Sie anhand von **jesti** und **piti** – essen und trinken:

(ja) jedem, pijem	**(mi) jedemo, pijemo**
(ti) jedeš, piješ	**(vi) jedete, pijete**
on/ona/ono jede, pije	**oni/one/ona jedu, piju**

6 27

Hören Sie sich den Dialog an und bilden Sie im Anschluss zwei weitere Dialoge.

Gost: Oprostite, ali moje pivo je toplo. Molim Vas hladno pivo!
Gast: Entschuldigen Sie, aber mein Bier ist warm. Bitte ein kaltes Bier!
Konobar: Ispričavam se, gospodine. Samo trenutak.
Kellner: Entschuldigen Sie, der Herr. Einen Augenblick.
Konobar: Izvolite Vaše hladno pivo.
Kellner: Bitte sehr, Ihr kaltes Bier.
Gost: Hvala.

1. Dialog: hladna juha / topla juha

G: ____________________

K: ____________________

K: ____________________

G: ____________________

2. Dialog: velika porcija / mala porcija

Getrennte Rechnungen sind in Kroatien eher unüblich und wenn Sie Trinkgeld geben, sagen Sie: **U redu** *stimmt so*

Kroatien hat viele Weinbaugebiete. Wählen Sie aus den verschiedensten Sorten: **Graševina**, **Rizling**, **Plavac**, **Malvazija**, **Merlot**.

Übrigens: Rot- oder Weißwein mit stillem Wasser gemischt heißt **bevanda**; Weißwein mit Mineralwasser heißt **gemišt**.

Na dann: **Živjeli!** Der Trinkspruch, der wörtlich übersetzt *Lasst uns (hoch) leben* heißt.

LÖSUNG

6 Dialog 1: G: Oprostite, ali moja juha je hladna. Molim Vas toplu juhu! K: Ispričavam se, gospodine. Samo trenutak. K: Izvolite Vaša topla juha. G: Hvala.; Dialog 2: G: Oprostite, ali moja porcija je velika. Molim Vas malu porciju! K: Ispričavam se, gospodine. Samo trenutak. K: Izvolite Vaša mala porcija. G: Hvala.

Wetter  28

Puše vjetar.	**Pada kiša.**	**Sija sunce.**	**Pada snijeg.**
Es windet.	Es regnet	Die Sonne scheint.	Es schneit.

Himmelsrichtungen  29

sjever
Norden

zapad
Westen

istok
Osten

jug
Süden

Jahreszeiten und Monate

proljeće
Frühling
ožujak, travanj, svibanj
März, April, Mai

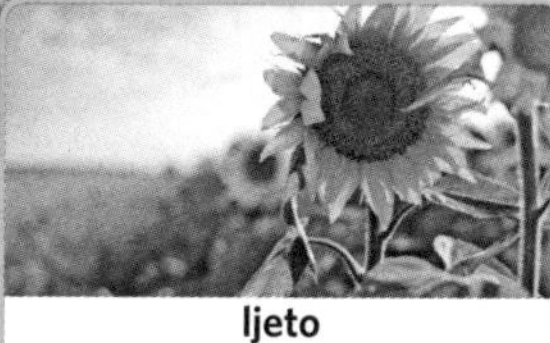

ljeto
Sommer
lipanj, srpanj, kolovoz
Juni, Juli, August

zima
Winter
prosinac, siječanj, veljača
Dezember, Januar, Februar

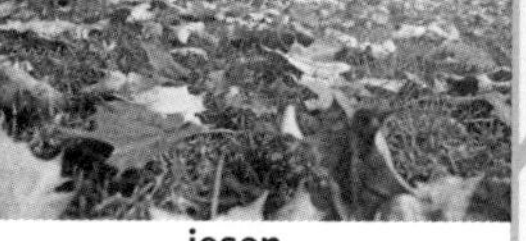

jesen
Herbst
rujan, listopad, studeni
September, Oktober, November

Ausflüge

Kamo idete na izlet?
Wohin geht euer Ausflug?

Idemo na skijanje.
Wir gehen zum Skifahren.

Mi idemo u Hrvatsku, u Zagreb.
Wir gehen nach Kroatien, nach Zagreb.

Das Klima in Kroatien ist zweigeteilt: Im Landesinneren herrscht kontinentales Klima und an der Küste mediterranes. Der kalte Fallwind **bura** (Bora), der in der Küstenregion vorkommt, zählt zu den stärksten der Welt. An diesem Wind wird auch der bekannte Schinken **pršut** getrocknet.

Kakvo je vrijeme? - *Wie ist das Wetter?* Ordnen Sie die Aussagen über das Wetter den Bildern zu.

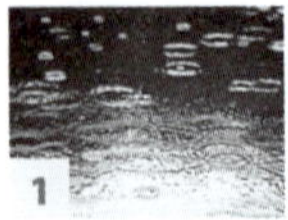

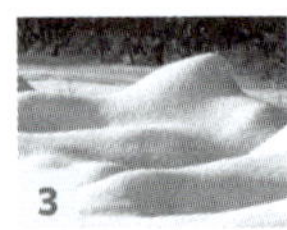
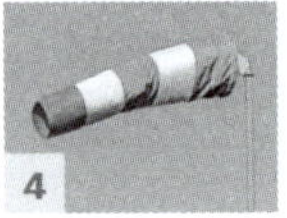

A ____ Puše jak vjetar. Vjetrovito je. *Es weht ein starker Wind.*

B ____ Sija sunce. Sunčano je. *Die Sonne scheint. Es ist sonnig.*

C ____ Pada kiša. Kišovito je. *Es regnet. Es ist regnerisch.*

D ____ Pada snijeg. Sniježi. *Es fällt Schnee. Es schneit.*

Im Kroatischen wird die negative Form der Verben gebildet, indem man **ne** vor das Verb setzt. Dieses ne ist getrennt vom Verb. Eine Ausnahme bilden die drei Verben biti, htjeti, imati, bei denen das ne Teil des Verbes ist. Beispiele:
ne volim; **ne jedem**; **ne pijem**; **ne želim** ...

Hören Sie den folgenden Text und verneinen Sie die einzelnen Sätze. Beispiel: Marija voli kišu. Marija **ne voli** kišu.

Gledam kroz prozor i čekam kišu. Obula sam čizme. Uzela sam kišobran. Ići ću u šetnju. Volim kišu u gradu i šetati po kiši. Volim mokru travu i sve šarene kišobrane.

____

____

____

____

4 § **7.4**

In dem Text oben sehen Sie den Satz **Ići ću u šetnju** – *Ich werde einen Spaziergang machen*. Das Futur wird mit der unbetonten Form des Hilfsverbs **htjeti** (*wollen*) + Infinitiv gebildet. Das Präsens von **htjeti** lautet: **ja hoću**, **ti hoćeš**, **on/ona/ono hoće**, **mi hoćemo**, **vi hoćete**, **oni/one/ona hoće.**

Die unbetonte (kurze) Form des Verbs **htjeti** lautet

(ja) ću	**(mi) ćemo**
(ti) ćeš	**(vi) ćete**
on/ona/ono će	**oni/one/ona će**

Beachten Sie, dass **ću** immer an zweiter Stelle steht!

LÖSUNG

2 1C; 2B; 3D; 4A • **3** Ne gledam kroz prozor i ne čekam kišu. Nisam obula čizme. Nisam uzela kišobran. Ne idem u šetnju. Ne volim kišu u gradu i šetati po kiši. Ne volim mokru travu i sve šarene kišobrane.

Setzen Sie die unbetonte Form des Verbs **htjeti** in der richtigen Form ein. Diese erkennen Sie an dem Pronomen in Klammern.

1. Sutra ________ padati snijeg. (on)
2. Ići ________ u restoran na večeru. (mi)
3. Ja ________ piti vino. (ja)
4. Što ________ piti? (vi)

Achtung: Die Verbform von **htjeti** kann auch nachgestellt werden; dabei wird das **-i** vom Verb im Infinitiv weggelassen: **Pit ću.** – *Ich werde trinken*. Bei Verben die aber im Infinitiv auf -ći enden, gilt diese Regel jedoch nicht (siehe Satz B oben)!

34

Hören Sie sich die Wettervorhersage für morgen an und kreuzen Sie danach an, ob die Aussagen richtig oder falsch sind.

Vremenska prognoza za sutra: Sutra će u svim krajevima Hrvatske biti sunčano i toplo, samo na sjeveru moguća je lagana naoblaka. Temperature u unutrašnjosti će biti od 23 do 28, a na Jadranu od 27 do 33 stupnjeva. Puhat će slabo do umjereno jugo.

	R	F
1. Na sjeveru će padati kiša.		
2. U cijeloj Hrvatskoj će biti hladno.		

3. U unutrašnjosti će biti od 23 do 28 stupnjeva.

4. Puhat će slab vjetar.

Versuchen Sie, die Jahreszeiten den Fotos zuzuordnen.

zima • jesen • ljeto • proljeće

1	2	3	4
_ _ _ LJ _ _ _	LJ _ _ _	_ _ _ _ N	_ _ M _

8

Erraten Sie die Himmelsrichtungen? Verbinden Sie.

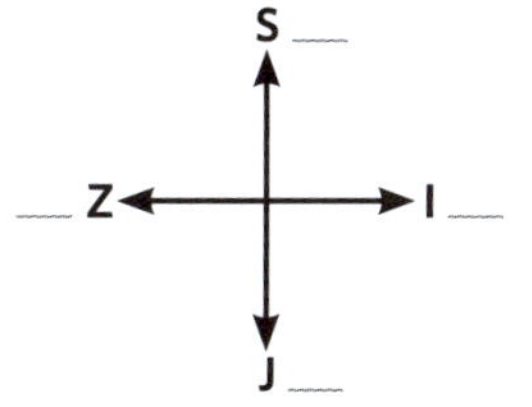

A istok

B jug

C zapad

D sjever

LÖSUNG

5 **1.** će; **2.** ćemo; **3.** ću; **4.** ćete • **6** 1F; 2F; 3R; 4R • **7** **1.** proljeće; **2.** ljeto; **3.** jesen; **4.** zima • **8** S: D; I: A; J: B; Z: C

Mit seinen acht Nationalparks und elf Naturparks hat Kroatien viel zu bieten, um die Natur genießen zu können. Nicht umsonst wird es oft das Naturparadies genannt, aber auch das Land der tausend Inseln (**zemlja tisuću otoka**), was nicht ganz korrekt ist, denn es sind sogar ca. 1200 Inseln. Für Touristen sind die **Plitvicer Seen** der bekannteste Nationalpark, mit 16 kleineren und größeren Seen und 92 Wasserfällen. Sie zählen zum UNESCO Weltkulturerbe und auch die Filmindustrie hatte ihr Interesse daran – einige der Winnetou-Filme wurden dort gedreht.

2 35

Hier erfahren Sie die Besonderheiten der Nationalparks. Hören Sie gut hin und verbinden dann die Satzhälften.

1. Brijuni ...	___	**A** na Velebitu.
2. Na Mljetu možete vidjeti ...	___	**B** 140 malih otoka.
3. Paklenica je ...	___	**C** se sastoje od 14 otoka.
4. Risnjak je dobio ime ...	___	**D** po risu koji živi u parku.
5. Park Krka je poznat ...	___	**E** otok na otoku.
6. Kornati imaju oko ...	___	**F** poznati botanički vrt.
7. "Plitvička jezera" je ...	___	**G** po brojnim slapovima.
8. Sjeverni Velebit ima ...	___	**H** najpoznatiji park.

moći	*können*	**sastojati se**	*bestehen aus*
vidjeti	*sehen*	**na**	*auf*
dobiti	*bekommen*	**koji**	*welcher*
otok	*Insel*	**oko**	*um (ca.)*
ris	*Luchs*	**slap**	*Wasserfall*
živjeti	*leben*	**poznat**	*bekannt*
u	*in, nach*	**vrt**	*Garten*

  1.3

Erinnern Sie sich noch an den Akkusativ? Diesen benötigen wir nämlich auch bei der Frage **Kamo**? – *Wohin*? (Richtung).
Idemo u Hrvatsku. – *Wir gehen nach Kroatien.*
Setzen Sie die Wörter in Klammern in der richtigen Form ein.

1. Sutra ćemo ići na ______. (izlet)
2. Idemo na ______. (odmor)
3. Putuju u ______. (Španjolska)
4. Ići ćemo na ______. (more)

Nicht vergessen: die Unterscheidung von belebt und unbelebt im Akkusativ!

LÖSUNG

2 1C; 2E; 3A; 4D; 5G; 6B; 7H; 8F • **3** **1.** izlet; **2.** odmor; **3.** Španjolsku, **4.** more

Kamo idete na izlet? – *Wohin geht euer Ausflug?* Verbinden Sie die Bilder mit den Aussagen. **Idemo ...**

___ **A** u šetnju šumom.

___ **B** na planinarenje na Sljeme.

___ **C** na kupanje u toplice.

___ **D** na slapove Krke.

___ **E** u ribolov.

___ **F** na skijanje u Austriju.

___ **G** brodom na Brač.

___ **H** u šetnju gradom.

izlet	*Ausflug*	**ribolov**	*Angeln*
putovati	*reisen*	**brod**	*Schiff*
odmor	*Urlaub*	**planinarenje**	*Bergsteigen*
šuma	*Wald*	**skijanje**	*Skifahren*
kupanje	*Baden*	**Austrija**	*Österreich*
toplice	*Thermalbad*	**grad**	*Stadt*

 § 1.3

In Lektion 6 haben Sie den Fall Instrumental kennengelernt - nach der Frage **Womit? / Mit wem?** In Übung 4 sehen Sie weitere Verwendungsmöglichkeiten: **šumom** - *durch den Wald*; **gradom** - *durch die Stadt* ...
Vervollständigen Sie die Sätze.

Zur Erinnerung:
Die Endung ist für m, f, n **-om** (*-em*)

1. Subotom šetamo __________ (park).
2. Brodovi plove __________ (more).
3. Avion leti __________ (zrak).
4. Utorkom šetamo __________ (šuma).

Übrigens: Auch nach der Frage **Kada?** - *Wann?* in Bezug auf immer wiederkehrende Vorgänge stehen die Substantive im Instrumental: **subotom** - *samstags*; **utorkom** - *dienstags* ...

4 godišnja doba, 12 mjeseci u godini - *vier Jahreszeiten, zwölf Monate im Jahr.*

zima	**proljeće**	**ljeto**	**jesen**
prosinac (*Dez.*)	ožujak (*März*)	lipanj (*Juni*)	rujan (*Sep.*)
siječanj (*Jan.*)	travanj (*April*)	srpanj (*Juli*)	listopad (*Okt.*)
veljača (*Feb.*)	svibanj (*Mai*)	kolovoz (*Aug.*)	studeni (*Nov.*)

LÖSUNG

4 1G; 2B; 3E; 4C; 5D; 6H; 7F; 8A • **5** **1.** parkom; **2.** morem; **3.** zrakom; **4.** šumom

Uhrzeit 37

Koliko je sati?
Wie viel Uhr ist es?

Jedan je sat.
Es ist ein Uhr.

Dvadeset dva su sata.
Es ist zweiundzwanzig Uhr.

Pet je sati.
Es ist fünf Uhr.

Tri su sata i petnaest minuta.
Es ist drei Uhr und fünfzehn Minuten.

Unterwegs  38

Gdje je pošta?
Wo ist die Post?

kolodvor	Bahnhof
ulica	Straße
kraj	Ende
trg	Platz
tramvaj	Straßenbahn
grad	Stadt

Richtungen 39

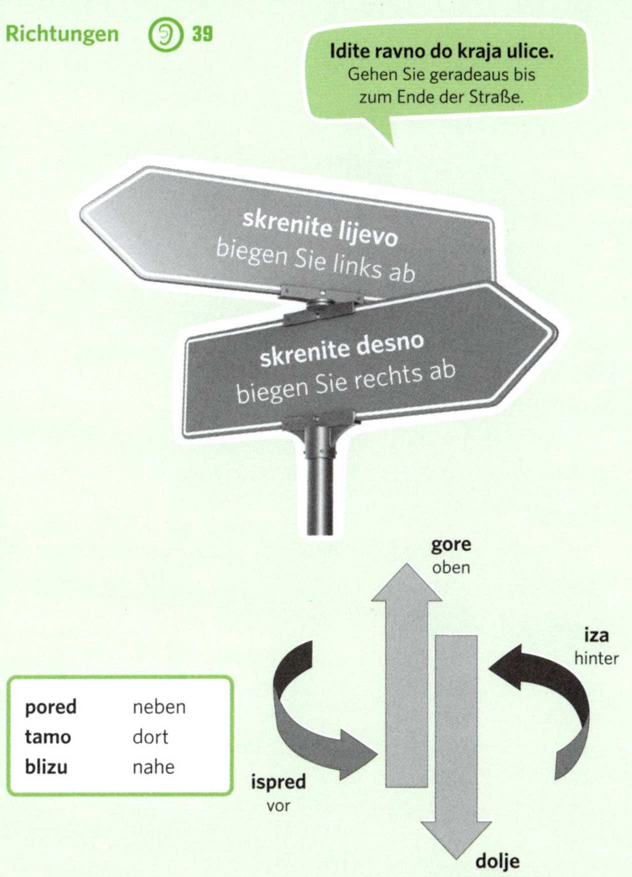

pored	neben
tamo	dort
blizu	nahe

Zagreb ist die Hauptstadt Kroatiens. Dort finden Sie zahlreiche Sehenswürdigkeiten, wie das Denkmal des ersten kroatischen Königs Tomislav, das Denkmal von ban Jelačić auf dem Pferd, die Kirche des heiligen Marko, die Kathedrale und vieles mehr. Einen Besuch sind auch folgende Orte wert: der Markt Dolac, die Zahnradbahn mit welcher Sie in die Oberstadt fahren können, die lange Einkaufsstraße Ilica sowie viele Museen und Parks.

Hören Sie folgenden Dialog in einer Boutique.

Gospođa: Dobar dan. Tražim crnu jaknu, možete li mi pomoći?

Prodavačica: Oprostite, nažalost zatvaramo sada.

Gospođa: Koliko je sati?

Prodavačica: Šest je sati. Otvaramo ponovo ujutro u devet sati.

Gospođa: U redu. Hvala Vam.

tražiti	*suchen*	**zatvarati**	*schließen*
crn, -a, -o	*schwarz*	**sada**	*jetzt*
jakna	*Jacke*	**koliko**	*wie viel*
pomoći	*helfen*	**sati**	*Uhr*
mi	*mir*	**otvarati**	*öffnen*
nažalost	*leider*	**ponov(n)o**	*erneut*
u redu	*in Ordnung*	**ujutro**	*morgens*

3

Koliko je sati? – *Wie viel Uhr ist es?* Schreiben Sie auf, welche Uhrzeit auf den Uhren zu sehen ist.

Es ist ... Uhr	**und ... Minuten**
1 und 21 + **je sat**	i jedna minut**a**
2, 3, 4 und 22, 23, 24 + **su sata**	i dvije minute (22–24, 32–34, 42–44, 52–54)
0 und 5–20 + je sati	sonst minuta

22:10 **Dvadeset dva su sata i deset minuta.**

Ganz einfach: **u** + Zahl + **sat** / **sata** / **sati** – *um ... Uhr*

1. ______________________

2. ______________________

3. ______________________

4. ______________________

LÖSUNG

3 1. Trinaest je sati. **2.** Osamnaest je sati. **3.** Jedanaest je sati i četrdeset pet minuta. **4.** Dvadeset je sati i petnaest minuta.

Hier sehen Sie verschiedene Sehenswürdigkeiten in Zagreb. Versuchen Sie die Begriffe den Bildern zuzuordnen.

___ **A Ilica**
___ **D Trg bana Jelačića**
___ **G Zagrebačka katedrala**
___ **B Crkva svetog Marka**
___ **E Trg kralja Tomislava**
___ **H Mirogoj**
___ **C Hrvatsko narodno kazalište**
___ **F Park Maksimir**

Das Verb **ići** *gehen* haben Sie bereits kennengelernt. Es hat die Infinitivendung -**ći**. Im Folgenden sehen Sie die Präsenskonjugation des Verbs. (Vergessen Sie nicht, es gibt die Infinitivendungen -**ti** und -**ći**.)

(ja) idem	*ich gehe*	**(mi) idemo**	*wir gehen*
(ti) ideš	*du gehst*	**(vi) idete**	*ihr geht*
on/ona/ono ide	*er/sie/es geht*	**oni/one/ona idu**	*sie gehen*

Idemo u grad. *Wir gehen in die Stadt.*

In obigem Beispiel sehen Sie den Akkusativ (= Richtung: in die Stadt gehen). Wie aber drücken wir aus, dass wir uns bereits irgendwo befinden? Schauen Sie sich unten die Endungen des „Ortsfalls“ Lokativ an. Vervollständigen Sie danach die Sätze.

	m	f	n
Lokativ Sg.	-u	-i	-u

Ja sam u gradu. – *Ich bin in der Stadt.*

Ja sam u Hrvatskoj. – *Ich bin in Kroatien.*

Achtung: Bei Ländernamen, die auf -**ska**, -**ška** oder -**čka** enden, lautet die Lokativendung -**oj**.

1. Katedrala je u ____________ (Zagreb).
   Die Kathedrale ist in Zagreb.
2. Split je u ____________ (Hrvatska).
   Split ist in Kroatien.

Der Lokativ steht immer mit einer der Präpositionen: u, na, o, po, pri, prema

LÖSUNG

4 1G, 2D, 3E, 4A, 5B, 6C, 7F, 8H • **6** **1.** Zagrebu; **2.** Hrvatskoj

Die Hauptstadt Zagreb ist die größte Stadt Kroatiens und zugleich auch wirtschaftliches Zentrum. Dort wird man Ihnen freundlich und hilfsbereit begegnen, aber auch mit gebührender Distanz und Respekt Fremden gegenüber. Diese werden ausnahmslos gesiezt. Frauen werden mit **gospođa** (Frau) und Männer mit **gospodin** (Herr) angesprochen.

Schauen Sie sich folgende Richtungsangaben an und ordnen Sie die kroatischen Begriffe den Zeichnungen zu.

___ **A dolje** ___ **B lijevo** ___ **C desno** ___ **D gore**

Hören Sie folgenden Dialog. Finden Sie danach die richtigen Übersetzungen.

Turist: Oprostite, možete li mi reći gdje je pošta?

Prolaznik: Da, blizu je. Mi smo sada na kolodvoru. Skrenite tamo lijevo i idite ravno do kraja ulice. Zatim skrenite desno i idite ravno do Trga bana Jelačića. Skrenite lijevo i nastavite ravno po Ilici. Ispred knjižnice idite preko ulice i pored banke je pošta.
Turist: Puno hvala!

Prolaznik: Nema na čemu.

1. Wir sind jetzt am Bahnhof. ______________________
2. Biegen Sie links ab. ______________________

reći	*sagen*	**kraj**	*Ende*
pošta	*Post*	**ulica**	*Straße*
blizu	*nahe*	**nastaviti**	*fortfahren*
kolodvor	*Bahnhof*	**ispred**	*vor*
skrenite	*biegen Sie ab*	**knjižnica**	*Bibliothek*
tamo	*dort*	**preko**	*über*
ravno	*geradeaus*	**pored**	*neben*

4

Übersetzen Sie die Wörter in Klammern.

1. Katedrala je ____________ (hinter) Trga.
   Die Kathedrale ist hinter dem Platz.

2. Bolnica je ____________ (links) od pošte.
   Das Krankenhaus ist links von der Post.

3. Kiosk je ____________ (vor) kolodvora.
   Der Kiosk ist vor dem Bahnhof

LÖSUNG

2 1C, 2D, 3A, 4B • **3** **1.** Mi smo sada na kolodvoru; **2.** Skrenite lijevo. • **4** **1.** iza; **2.** lijevo; **3.** ispred;

5

Schon öfter ist Ihnen das Verb **moći** (*können*) begegnet und hier finden Sie die Konjugation dieses Verbs. Setzen Sie es dann in der richtigen Form in die Sätze ein.

(ja) mogu	*ich kann*	**(mi) možemo**	*wir können*
(ti) možeš	*du kannst*	**(vi /Vi) možete**	*ihr könnt*
on/ona/ono može	*er/sie/es kann*	**oni/one/ona mogu**	*sie können*

Može! Das werden Sie in Kroatien oft hören: Ja, das geht (kein Problem)!

1. Gdje ____________ (ja) kupiti kartu za tramvaj?
2. Do Maksimira ____________ (vi) ići tramvajem broj 11.
3. Plan grada ____________ (ti) kupiti na kiosku.
4. Oni ____________ ići zajedno u grad.
5. ____________ (mi) ići u onaj muzej desno od kazališta.

6

Verbinden Sie die Fragen mit den passenden Antworten.

1. Oprostite, gdje se nalazi Dolac (*Markt in Zagreb*)? ___ **A** Zove se Ilica.
2. Koji tramvaj vozi do Maksimira? ___ **B** Blizu Trga bana Jelačića.
3. Kako se zove ova ulica? ___ **C** Nije, daleko je.
4. Je li to blizu? ___ **D** Broj 11.

7 § 7.6

In dem Dialog bei Nr. 3 kommt die Form **idite** vor. Das ist die Befehlsform (Imperativ), die Sie auch bei Anweisungen, Ratschlägen und Bitten verwenden. Übersetzen Sie die Sätze.

Es gibt zwei grundlegende Regeln für die Bildung des Imperativs für die 2. Person Singular:

1. Präsensstamm auf Konsonant + i: id-eš => **id-i!** – *geh!*
2. Präsensstamm auf Vokal + j: pi-ješ => **pi-j!** – *trink!*

1. Trink die Milch! ____________________

2. Geh in die Stadt! ____________________

3. Iss das Brot! ____________________

4. Bieg rechts ab! ____________________

8

Welche weiteren Befehlsformen haben sich hier versteckt? Trennen Sie die Wörter mit Schrägstrichen.

b u d i v i d i b u d i m o v i d i t e g l e d a j g l e d a j t e g l e d a
j m o t r a ž i m o b u d i t e v i d i m o p i j t e i d i t e i d e m o n
a s t a v i n a s t a v i t e s k r e n i n a s t a v i m o s k r e n i m o

LÖSUNG

5 1. mogu; **2.** možete; **3.** možeš; **4.** mogu; **5.** Možemo • **6** 1B; 2D; 3A; 4C • **7 1.** Pij mlijeko! **2.** Idi u grad! **3.** Jedi kruh! **4.** Skreni desno! • **8** budi / vidi / budimo / vidite / gledaj / gledajte / gledajmo / tražimo / budite / vidimo / pijte / idite / idemo / nastavi / nastavite / skreni / nastavimo / skrenimo

Verkehr  42

motor	Motor(rad)
autobus	Bus
vlak	Zug
zrakoplov	Flughafen
trajekt	Fähre
bicikl	Fahrrad

Transportmittel  43

Putujem autobusom u Zagreb.
Ich reise mit dem Bus nach Zagreb.

Ja idem tramvajem u grad.
Ich gehe mit der Straßenbahn in die Stadt.

Moj trajekt na Hvar polazi u pet sati.
Meine Fähre nach Hvar fährt um fünf Uhr ab.

Mi letimo zrakoplovom u Španjolsku.
Wir fliegen mit dem Flugzeug nach Spanien.

promet
Verkehr

smjer
Richtung

autocesta
Autobahn

izlazak
Ausfahrt

Unterkunft suchen  44

Tražimo dvokrevetnu sobu ...
Wir suchen ein Doppelzimmer ...

blizu plaže.
in Strandnähe.

s doručkom.
mit Frühstück.

s pogledom na more.
mit Meerblick.

s tušem i terasom.
mit Dusche und Terrasse.

Nützliches für den Urlaub  45

Gdje mogu promijeniti novac?
Wo kann ich Geld wechseln?

Gdje mogu naći ...?
Wo finde ich ...?

Možete li mi preporučiti dobar restoran?
Können Sie mir ein gutes Restaurant empfehlen?

Gdje je hotel Jadran?
Wo ist das Hotel Jadran?

Primate li kreditne kartice?
Nehmen Sie Kreditkarten?

Das Straßennetz in Kroatien wurde in den vergangenen Jahren umfassend ausgebaut. Alles ist gut mit dem Auto zu erreichen und die Autobahn zählt zu den modernsten in Europa. Auch das Busliniennetz ist gut vernetzt und verbindet alle Teile des Landes. Es gibt mehrere Flughäfen, die aus Deutschland zu erreichen sind, aber auch mit der Bahn erreichen Sie Kroatien gut. Falls bei Ihrer Reise Probleme auftauchen, erreichen Sie den allgemeinen Notruf unter **112**.

Hier sind mehrere Verkehrsmittel abgebildet - können Sie die kroatischen Begriffe zuordnen?

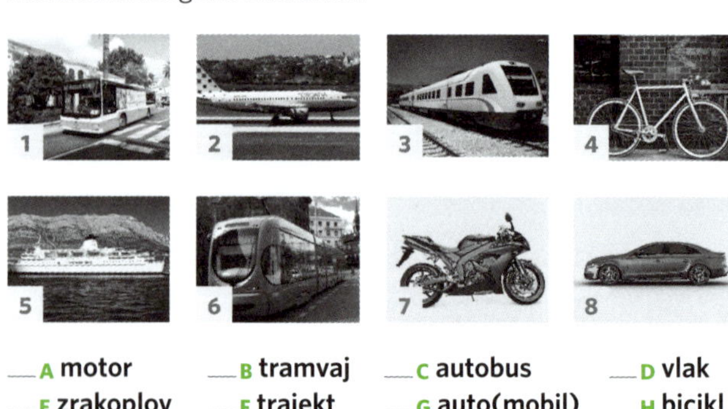

__ A **motor** __ B **tramvaj** __ C **autobus** __ D **vlak**

__ E **zrakoplov** __ F **trajekt** __ G **auto(mobil)** __ H **bicikl**

3 § 1.4

Den Instrumental kennen Sie bereits (Lektion 6). Mit diesem drücken Sie auch aus, mit welchem Transportmittel Sie sich fortbewegen. Da Sie die Endungen bereits kennen, vervollständigen Sie die Sätze.

1. Putujem ____________ (mit dem Bus) u Zadar.
2. Idemo ____________ (mit der Straßenbahn) u grad.
3. Lete ____________ (mit dem Flugzeug) u Španjolsku.
4. Išli smo ____________ (mit der Fähre) na Brač.

4

Bringen Sie die Sätze in die richtige Reihenfolge.

1. Sutra – u – putujemo – Hrvatsku.
   Morgen reisen wir nach Kroatien.
2. Polazi – trajekt – sata – u – tri.
   Die Fähre fährt um drei Uhr ab.
3. Vam – pomoći – kako – mogu?
   Wie kann ich Ihnen helfen?
4. U – auto – je – kvaru – moj.
   Mein Fahrzeug ist defekt.

Umgangssprachlich werden Sie statt **zrakoplov** auch sehr oft **avion** hören.

LÖSUNG

2 1C, 2E, 3D, 4H, 5F, 6B, 7A, 8G • **3** **1.** autobusom; **2.** tramvajem; **3.** zrakoplovom; **4.** trajektom; • **4** **1.** Sutra putujemo u Hrvatsku. **2.** Trajekt polazi u tri sata. **3.** Kako Vam mogu pomoći? **4.** Moj auto je u kvaru.

Hören Sie die Verkehrsmeldung im Radio und kreuzen Sie danach an, ob die Aussagen richtig oder falsch sind.

Zbog pojačanog prometa s juga stvaraju se gužve na autocesti A1 u smjeru Zagreba. Pojačan je i promet u smjeru mora. Na dionici autoceste A1 između čvora Zadar II i tunela Sveti Rok u smjeru Zagreba promet teče usporeno i otežano, zbog nesreće u tunelu.
Kolone vozila zabilježene su kod naplatnih postaja Lučko na izlasku s autoceste A1 prema Zagrebu, a kolona je duga oko pet kilometara.

	R	F
1. Nema gužve na cestama.		
2. Pojačan je promet prema moru.		
3. Usporen je promet zbog nesreće u tunelu.		
4. Na naplatnim kućicama je gužva.		
5. Kolona je duga deset kilometara.		

promet	*Verkehr*	**gužva**	*Gedränge*
autocesta	*Autobahn*	**dionica**	*Wegstrecke*
smjer	*Richtung*	**pojačan**	*verstärkt*
između	*zwischen*	**čvor**	*Knoten*
teći	*fließen*	**usporen**	*verlangsamt*
otežan	*erschwert*	**zbog**	*wegen*
prema	*in Richtung*	**dug**	*lang*

nesreća	*Unfall*	**vozilo**	*Fahrzeug*
izlazak	*Ausfahrt*	**naplatna postaja**	*Mautstelle*

6 47

Probleme mit dem Auto?
Hören Sie folgende Sätze und setzen die fehlenden Wörter ein.

prazna • akumulator • pozovite • upaliti • gdje • nemam

1. __________ više goriva.
   Ich habe kein Benzin mehr.
2. __________ je prazan.
   Die Batterie ist leer.
3. Molim Vas, __________ hitnu službu.
   Bitte rufen Sie den Abschleppwagen.
4. Guma mi je __________.
   Ich habe einen Platten.
5. Moj se auto više neće __________.
   Mein Auto springt nicht mehr an.
6. __________ u blizini ima mehaničar?
   Wo in der Nähe gibt es eine Werkstatt?

LÖSUNG

5 1 F; **2** R; **3** R; **4** R; **5** F • **6 1.** Nemam; **2.** Akumulator; **3.** pozovite; **4.** prazna; **5.** upaliti; **6.** Gdje

1 

Sie haben mehrere Möglichkeiten, eine Unterkunft in Kroatien zu finden. Spontan können Sie entlang der **magistrala** auf die meist handschriftlichen Schilder **sobe** achten. Das bedeutet, dass es dort freie Zimmer in privaten Apartments oder Pensionen gibt.

2

Folgende Begriffe können Ihnen bei Ihrer Unterkunftssuche begegnen. Ordnen Sie diesen die entsprechende Übersetzung zu.

1. blizu plaže	___ **A** mit Frühstück
2. dvokrevetna soba	___ **B** für eine Woche
3. za tjedan dana	___ **C** strandnah
4. s doručkom	___ **D** mit Balkon oder Terrasse
5. potvrditi rezervaciju	___ **E** mit Meerblick
6. s pogledom na more	___ **F** Reservierung bestätigen
7. s tušem ili kadom	___ **G** Vollpension
8. puni pansion	___ **H** Doppelzimmer
9. s balkonom ili terasom	___ **I** mit Dusche oder Badewanne

Hören Sie, was gesucht wird und trennen Sie die Wörter mit Schrägstrichen.

T r a ž i m o d v o k r e v e t n u s o b u s d o r u č k o m i p o g l e d o m n a m o r e o s t a t ć e m o d e s e t d a n a že l i m o t e l e v i z i j u i n t e r n e t t e r a s u i k u p a o n i c u

4

Bringen Sie folgenden Dialog im Touristenbüro in die richtige Reihenfolge.

____ **A** Za koliko osoba?

____ **B** Želite li dvosoban apartman ili jednosoban s pomoćnim krevetom?

____ **C** Dobar dan, tražimo apartman blizu plaže za pet dana.

____ **D** Radije dvosoban.

____ **E** Za tri osobe.

____ **F** Ne, polupansion.

____ **G** U redu. A želite li doručak?

____ **H** Odlično, hvala Vam.

____ **I** Dakle, želite dvosoban apartman blizu mora s polupansionom. Mogu Vam ponuditi apartman Lidija.

LÖSUNG

2 1C; 2H; 3B; 4A; 5F; 6E; 7I; 8G; 9D • **3** Tražimo dvokrevetnu sobu s doručkom i pogledom na more. Ostat ćemo deset dana. Želimo televiziju, internet, terasu i kupaonicu. • **4** A2; B4; C1; D5; E3; F7; G6; H9; I8

Sie sind im Internet fündig geworden und wollen per Mail reservieren. Lesen Sie folgendes Muster und entscheiden Sie danach, ob die Aussagen falsch oder richtig sind.

Von: Markus Müller

An: Hotel Marina

Betreff: Rezervacija smještaja

Poštovani!
Mi smo četiri odrasle osobe i molimo Vas da nam od 22. srpnja do 5. kolovoza rezervirate dvije dvokrevetne sobe s doručkom. Molim Vas potvrdu rezervacije i cijene.

Puno Hvala!
Srdačan pozdrav!
Markus Müller

	R	F
1. Oni žele dvije jednokrevetne sobe. *Sie möchten zwei Einzelzimmer.*		
2. Ostat će od 22. lipnja do 5. listopada. *Sie bleiben vom 22. Juni bis 5. Oktober.*		
3. Oni žele sobe s doručkom. *Sie möchten Zimmer mit Frühstück.*		

Im Mail-Muster in Nr. 5 finden Sie die Form **nam** (uns). Dies ist die Dativ-Form des Personalpronomens **mi** (wir). Sehen Sie hier alle Formen des Dativs. Setzen Sie die richtige Form ein.

	Dativ Sg.		**Dativ Pl.**
ja:	mi	**mi:**	nam
ti:	ti	**vi:**	vam
on, ono /ona:	mu / joj	**oni, one, ona:**	im

1. Hvala ____________ (Vi) na rezervaciji.
2. Potvrdite ____________ (ja) putem telefona.
3. Plati ____________ (oni) nakon odmora.

Der Dativ hat dieselben Endungen wie der in Lektion 10 erläuterte Lokativ, nur ohne die dort genannten Präpositionen

Koliko košta ...? – *Wie viel kostet ...?*
Natürlich wollen Sie sich auch nach dem Preis erkundigen. Setzen Sie ein.

po osobi ▪ po danu ▪ kreditnom karticom

1. Koliko košta soba ____________?
2. Mogu li platiti ____________?
3. Koliko košta apartman ____________?

LÖSUNG

5 1. F; **2.** F; **3.** R • **6 1.** Vam; **2.** mi; **3.** im; • **7 1.** po osobi; **2.** kreditnom karticom; **3.** po danu

In Kroatien haben Sie die Qual der Wahl: **nema što nema** – *es gibt nichts, was es nicht gibt*. Viele wunderschöne Orte an der Küste; Strände mit blauer Fahne und kristallklarem Wasser; Städte mit Geschichte und Kultur; Inseln zum Ausspannen oder Segeln und Tauchen; National- und Naturparks für Naturfreunde; Bergtouren. Was viele nicht wissen: Sie können auch Ihren Winterurlaub in Kroatien verbringen, im Gebirge **Medvednica** bei Zagreb. Der Gipfel **Sljeme** eignet sich hervorragend zum Skifahren. **Sretan put!** – *Gute Reise!*

Hier sind einige Urlaubsaktivitäten abgebildet – können Sie die kroatischen Begriffe zuordnen?

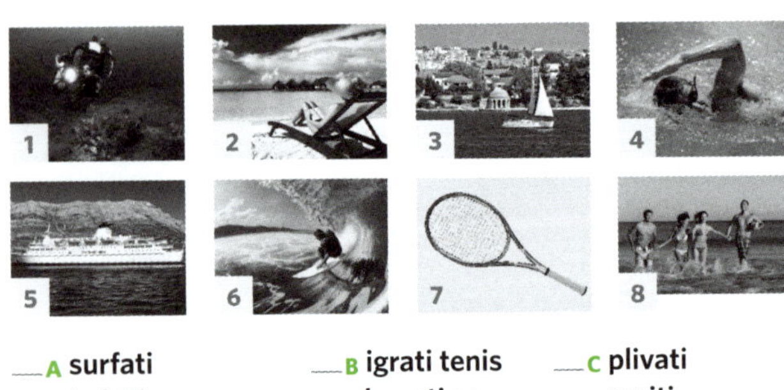

___ A **surfati**
___ B **igrati tenis**
___ C **plivati**
___ D **jedriti**
___ E **kupati se**
___ F **roniti**
___ G **vožnja brodom**
___ H **sunčati se**

Lesen Sie das Urlaubsangebot und lösen Sie die Aufgaben.

Ljetovanje u hotelu „Jadran" na Hvaru
Nudimo Vam ljetovanje u hotelu „Jadran" koji se nalazi 300 metara od plaže i 700 metara od centra Hvara. U hotelu ima i bazen, a uz hotel su i tereni za tenis. Svaku večer čeka Vas večera na terasi uz laganu glazbu. 7 dana za samo 2000 kuna. U cijenu je uključen polupansion i korištenje interneta.

1. Hotel "Jadran" je
- **A** na Krku.
- **B** u Splitu.
- **C** na Hvaru.

2. Hotel se nalazi
- **A** 300 metara od plaže.
- **B** u centru.
- **C** 700 metara od plaže.

3. Ponuda je za
- **A** 10 dana.
- **B** 7 dana.
- **C** 14 dana.

4. Ponuda uključuje
- **A** doručak.
- **B** puni pansion.
- **C** polupansion.

  52

Hören Sie, wie Sie von Ihrem Urlaub erzählen können.

Gdje si bila na odmoru?	*Wo warst du im Urlaub?*
Bila sam na moru u Zadru.	*Ich war am Meer in Zadar.*
Kako je bilo?	*Wie war's?*
Bilo je odlično!	*Es war ausgezeichnet!*
Apartman je bio lijep.	*Das Appartment war schön.*

LÖSUNG

2 1F; 2H; 3D; 4C; 5G; 6A; 7B; 8E • **3** 1C; 2A; 3B; 4C

In Übung 4 wird die Vergangenheitsform von **biti** (*sein*) verwendet. Das Perfekt wird mit dem Hilfsverb biti + dem Verb, bei dem die Partizip Perfekt-Endungen an den Infinitivstamm gehängt werden, gebildet. Achtung: es wird unterschieden, ob das Subjekt weiblich oder männlich ist! Mann: **ja sam bio** Frau: **ja sam bila** – *ich bin gewesen*.

ja sam bio (m), bila (f)	**mi smo bili (m), bile (f)**
ti si bio (m), bila (f)	**vi ste bili (m), bile (f)**
on je bio (m)	**oni su bili (m)**
ona je bila (f)	**one su bile (f)**
ono je bilo (n)	**ona su bila (n)**

Merke: Perfekt-Endungen: Sg: -o (m); -la (f); -lo (n); Pl: -li (m); -le (f); -la (n)

Lesen Sie nun was die Personen im Urlaub tun und ersetzen Sie das Verb im Präsens durch die richtige Perfektform.

1. Ja (Marija) **sam** na moru. → Ja **sam bila** na moru.
(*Ich bin am Meer gewesen.*)

2. On **pliva** vrlo dobro. → ______________________.
(*Er ist gut geschwommen.*)

3. Mi **planinarimo** na Sljemenu. → ______________________.
(*Wir waren Bergsteigen auf dem Sljeme.*)

4. Ja (Marko) **se odmaram** na plaži. → ______________________.
(*Ich habe mich am Strand ausgeruht.*)

5. Na plaži (oni) **unajme** ležaljku. → ______________________.
(*Am Strand haben sie eine Liege ausgeliehen.*)

6. Ti (on) **si** u Hrvatskoj → ______________________.
(*Du bist in Kroatien gewesen.*)

Achtung: Bei gemischten Gruppen (Männer und Frauen) wird immer die männliche Form verwendet!

Marija i Marko su se sunčali. – *Marija und Marko haben sich gesonnt.*

6

Lesen Sie die Sätze, die Sie in Ihrem Urlaub sicherlich gebrauchen können. Finden Sie die richtige Übersetzung.

1. Možete li mi preporučiti dobar restoran? ___ **A** Wo kann ich Geld wechseln?

2. Gdje mogu promijeniti novac? ___ **B** Nehmen Sie Kreditkarten?

3. Primate li kreditne kartice? ___ **C** Wo finde ich ...?

4. Gdje mogu naći ...? ___ **D** Können Sie mir ein gutes Restaurant empfehlen?

5. Htio (htjela f) bih njemačke novine ___ **E** Wo in der Nähe ist ein Internetcafe?

6. Gdje je u blizini internet cafe? ___ **F** Ich hätte gerne eine deutsche Zeitung

LÖSUNG

5 2. je plivao; **3.** smo planinarili; **4.** sam se odmarao; **5.** su unajmili;
6. si bio • **6** 1D; 2A; 3B; 4C; 5F; 6E

Wochentage  53

ponedjeljak	Montag
utorak	Dienstag
srijeda	Mittwoch
četvrtak	Donnerstag
petak	Freitag
subota	Samstag
nedjelja	Sonntag

Koji je danas datum?
Welches Datum ist heute?

Danas je ...
Heute ist der ...

Freizeitaktivitäten  54

Čime se baviš u slobodno vrijeme?
Womit beschäftigst du dich in deiner Freizeit?

Volim plesati.
Ich tanze gerne.

Još više volim igrati košarku, a najviše volim svirati klavir.
Noch lieber spiele ich Basketball und am liebsten spiele ich Klavier.

A ti?
Und du?

Ja obožavam ići u kazalište i uživam u dobroj glazbi.
Ich liebe es ins Theater zu gehen und genieße gute Musik.

Sport

rukomet	Handball
nogomet	Fußball
plesanje	Tanzen
kuglanje	Kegeln
odbojka	Volleyball

Ordnungszahlen 

1. prvi, prva, prvo	**10.** deseti, -a, -o
2. drugi, druga, drugo	**20.** dvadeseti, -a, -o
3. treći, treća, treće	**21.** dvadeset prvi, -a, -o
4. četvrti, -a, -o	**40.** četrdeseti, -a, -o
5. peti, -a, -o	**100.** stoti, -a, -o
6. šesti, -a, -o	**200.** dvjestoti, -a, -o
7. sedmi, -a, -o	**1000.** tisućiti, -a, -o
8. osmi, -a, -o	**2000.** dvije tisućiti, -a, -o
9. deveti, -a, -o	**1000000.** milijunti, -a, -o

Feste 

Sretan Uskrs!
Frohe Ostern!

Sretan Božić!
Frohe Weihnachten!

Sretna Nova godina!
Frohes Neues Jahr!

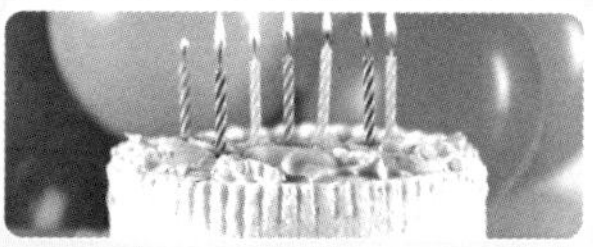

Sretan (ti) rođendan!
Alles Gute zum Geburtstag!

Kroaten feiern gerne. Es gibt viele Feste und traditionelle Bräuche. Die wichtigsten Feste sind **Božić** (*Weihnachten*) und **Uskrs** (*Ostern*), sowie **Velika Gospa** (*Mariä Himmelfahrt*). Je nach Region werden die weiteren katholischen Feiertage gefeiert, sowie verschiedene kleine Feste in den Regionen oder Dörfern. **Rođendane** (*Geburtstage*) feiern die Kroaten natürlich auch, sowie den **imendan** (*Namenstag*).

2

Lesen Sie hier verschiedene Wünsche und ordnen Sie zu.

1. **Sretan (ti) rođendan!**	___ A *Frohe Ostern!*
2. **Sretan (ti) imendan!**	___ B *Frohes Neues Jahr!*
3. **Sretan Božić!**	___ C *Frohen Namenstag!*
4. **Sretan Uskrs!**	___ D *Alles Gute zum Geburtstag*
5. **Sretna Nova godina!**	___ E *Frohe Weihnachten!*

Setzen Sie die Wochentage ein.

ponedjeljak • utorak • srijeda • četvrtak • petak • subota • nedjelja

1. ___ ___ ___ O ___ ___

2. ___ E ___ ___ ___

3. ___ ___ N ___ ___ ___ ___ ___ ___ ___

4. ___ ___ T ___ ___ ___ ___ ___

5. ___ ___ ___ R ___ ___

6. ___ ___ ___ ___ ___ D ___

7. ___ ___ ___ J ___ ___ ___

Kada?
u + Akk. = **am ...**
u utorak (m) – *am Dienstag*
u srijedu (f) – *am Mittwoch*

... -om = Instrumental
petkom – *freitags*
subotom – *samstags*

4 57

Trennen Sie die einzelnen Datumsangaben durch Schrägstriche und schreiben Sie das Datum in Zahlen.

Koji je danas datum? – *Welches Datum ist heute?*

Danas je ... – *Heute ist der ...*

1. p e t n a e s t i k o l o v o z a t i s u ć u d e v e t s t o d e v e d e s e t p e t e ________

2. s e d m i p r o s i n c a t i s u ć u d e v e t s t o t e ________

3. d r u g i v e l j a č e d v i j e t i s u ć e d e s e t e ________

4. d v a d e s e t o s m i l i p n j a d v i j e t i s u ć e p e t n a e s t e ________

5. p r v i s v i b n j a d v i j e t i s u ć e o s m e ________

LÖSUNG

2 1D; 2C; 3E; 4A; 5B • **3** **1.** subota; **2.** petak; **3.** ponedjeljak; **4.** četvrtak; **5.** utorak; **6.** srijeda; **7.** nedjelja • **4** **1.** petnaesti/kolovoza/tisuću/devetsto/devedeset/pete 15.8.1995.; **2.** sedmi/prosinca/tisuću/devetstote 7.12.1900.; **3.** drugi/veljače/dvije/ tisuće/desete 2.2.2010.; **4.** dvadeset/osmi/lipnja/dvije/tisuće/petnaeste 28.6.2015. **5.** prvi/svibnja/dvije/tisuće/osme 1.5.2008.

5 § 5.1

Ordnungszahlen werden mit den Endungen **-i**, **-ti**, **-iti** gebildet, die an die Grundzahlen gehängt werden. Ausnahmen dabei bilden die ersten vier Zahlen. Bei den zusammengesetzten Zahlen hat nur die letzte Zahl die Form der Ordnungszahl: 25. **dvadeset peti**; 368. **tristo šezdeset osmi**, ...
Vervollständigen Sie.

1. prvi, prva, prvo	10. ______, ______, ______
2. drugi, druga, drugo	21. ______, ______, ______
3. treći, treća, treće	40. četrdeseti, ______, ______
4. četvrti, četvrta, četvrto	100. stoti, ______, ______
5. peti, peta, peto	1000. tisućiti, ______, ______
6. šesti, šesta, ______	2000. dvije tisućiti; ______, ______
7. sedmi, ______, ______	
8. osmi, ______, ______	1000000. milijunti, ______, ______
9. deveti, ______, ______	

Ordnungszahlen werden wie Adjektive dekliniert und richten sich nach Geschlecht, Fall und Zahl des Substantivs.

Kroaten verwenden die Ordnungszahlen auch für die Monate: u + Ordnungszahl im Instrumental + mjesec im Lokativ

u prvom mjesecu = *im 1. Monat => im Januar*

u drugom mjesecu – *im Februar* etc.

78 | 79

Sehen Sie hier weitere Ereignisse und ordnen Sie zu.

svadba • rođenje • krštenje • otvorenje • zaruke • pogreb

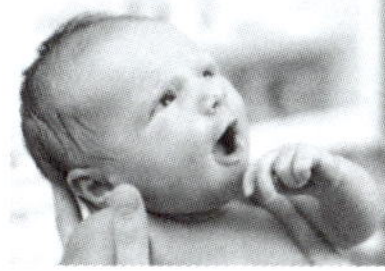

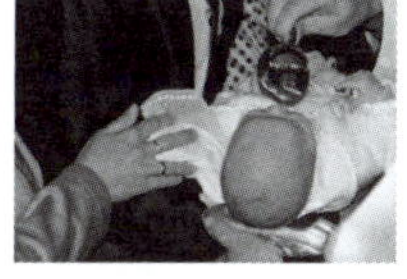

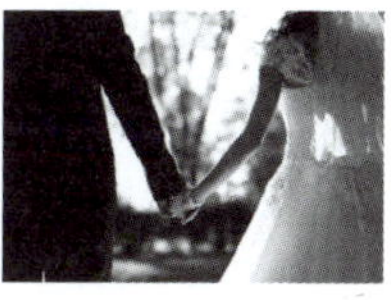

1. _ _ Đ _ _ _

2. _ _ _ T _ _ _

3. _ V _ _ _ _

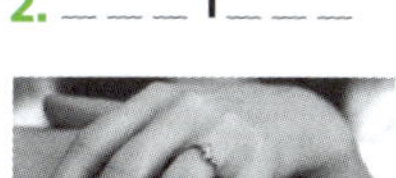

4. _ _ _ _ _ B

5. _ _ _ _ K _

6. O _ _ _ _ _ _ _ _

LÖSUNG

5 šesto; sedma, sedmo; osma, osmo; deveta, deveto; deseti, deseta, deseto; dvadeset prvi, dvadeset prva, dvadeset prvo; četrdeseta, četrdeseto; stota, stoto; tisućita, tisućito; dvije tisućita, dvije tisućito; milijunta, milijunto •
6 **1.** rođenje; **2.** krštenje; **3.** svadba; **4.** pogreb; **5.** zaruke; **6.** otvorenje

Die Kroaten sind ein ziemlich sportbegeistertes Volk, auch wenn sie oft ‚nur' darüber sprechen und diskutieren. Zu den beliebtesten Sportarten gehören Tennis, Fußball, Handball und Basketball. An den Urlaubsorten findet man jedoch ein vielfältiges Angebot an Freizeitaktivitäten, vom Klettern, über Raften bis Kanufahren oder Tauchen.

Hier sind einige Freitzeitaktivitäten abgebildet - können Sie die kroatischen Begriffe zuordnen?

košarka • nogomet • plesanje • fitnes u teretani • sviranje instrumenta • rukomet • kuglanje • ići u grad na kavu

1 ____________

2 ____________

3 ____________

4 ____________

5 ____________

6 ____________

7 ____________

8 ____________

Finden Sie für folgende Sätze die entsprechende Übersetzung.

1. **Volim kuhati.**
2. **Odbojka me zanima.**
3. **Obožavam ići u kazalište.**
4. **Najviše volim svirati klavir.**
5. **Uživam u dobroj glazbi.**

____ **A** Ich interessiere mich für Volleyball.

____ **B** Ich genieße gute Musik.

____ **C** Am liebsten spiele ich Klavier.

____ **D** Ich koche gerne.

____ **E** Ich liebe es ins Theater zu gehen.

4 61

Hören Sie nun einige Vorschläge für gemeinsame Freizeitaktivitäten. Sie hören auch die Antworten, ordnen Sie zu.

1. **Ajmo** (*ugs. von hajdemo*) **na kavu**.
   (*Lass uns einen Kaffee trinken gehen.*)
2. **Mogli bismo ići u kino.**
   (*Wir könnten ins Kino gehen.*)

LÖSUNG

2 1. kuglanje; **2.** fitnes u teretani; **3.** Ići u grad na kavu; **4.** sviranje instrument; **5.** nogomet; **6.** košarka; **7.** rukomet; **8.** plesanje • **3** 1D; 2A; 3E; 4C; 5B

3. **Hoćemo li ići u šoping** (*umgangssprachlich*)?

(*Sollen wir shoppen gehen?*)

4. **Trebali bismo ići u teretanu.**
(*Wir sollten ins Fitnesscenter gehen.*)

A ___ **Dobra ideja.** (*Gute Idee.*)

B ___ **Nažalost, ne mogu.** (*Leider kann ich nicht.*)

C ___ **Da, potrebno je.** (*Ja, das ist nötig.*)

D ___ **Može.** (*~In Ordnung.*)

5 § 3.2

Um Leistungen oder Eigenschaften zu vergleichen, benötigen wir die Steigerung der Adjektive. Diese bildet man, indem man an die meisten Adjektive für den Komparativ die Endungen **-iji** (m), **-ija** (f), **-ije** (n) hängt. Den Superlativ bildet man mit **naj-** vor dem Komparativ. **važan** – **važniji** – **najvažniji** (*wichtig*)

Einige Adjektive bilden den Komparativ mit den Endungen **-ši** (m), **-ša** (f), **-še** (n): **lijep** – **ljepši** – **najljepši** (*schön*)

Achtung: Es gibt noch weitere Bildungsgruppen mit anderen Endungen, jedoch sind davon wenige Adjektive betroffen. Lesen Sie dazu ausführlicher im Grammatikteil.

Trennen Sie nun die einzelnen Wörter durch Schrägstriche. Sie finden immer zuerst das Adjektiv, die erste Steigerungsform (Komparativ) und zuletzt die zweite Steigerungsform (Superlativ).

s t a r s t a r i j i n a j s t a r i j i t a n a k t a n j i n a j t a n j i
m l a d m l a đ i n a j m l a đ i b r z b r ž i n a j b r ž i d o b a r

b o l j i n a j b o l j i l o š l o š i j i n a j l o š i j i l a k l a k š i n a j l a
k š i n o v n o v i j i n a j n o v i j i

6

Im Deutschen verwenden wir für Vergleiche oft ... *als*.
Im Kroatischen gibt es für als zwei Möglichkeiten:
nego + Nominativ oder **od + Genitiv:**

Marko je mlađi nego Ivan. Marko je mlađi od Ivana. – *Marko ist jünger als Ivan.* Übersetzen Sie:

1. Zagreb ist größer als Rijeka. ______________________
2. Danijel ist jünger als Ana. ______________________
3. Ivan ist schneller als Darko. ______________________
4. Das Auto ist neuer als das Haus. ______________________
5. Marijan ist ein besserer Fußballer als Mirko.

   ____
6. Das ist ein schlechterer Wein als der andere.

   ____

LÖSUNG

4 1D; 2A; 3B; 4C • **5** star/stariji/najstariji; tanak/tanji/najtanji; mlad/mlađi/najmlađi; brz/brži/najbrži; dobar/bolji/najbolji (unregelm.); loš/lošiji/najlošiji (unregelm.); lak/lakši/najlakši; nov/noviji/najnoviji • **6** **1.** Zagreb je veći od Rijeke. **2.** Danijel je mlađi nego Ana. **3.** Ivan je brži od Darka. **4.** Auto je noviji nego kuća. **5.** Marijan je bolji nogometaš nego Mirko. **6.** To vino je lošije od onog drugog.

Wie Sie bereits wissen, bezahlen Sie in Kroatien mit Mardern und Linden. Die Tier- und Pflanzenwelt in Kroatien ist sehr vielfältig. Sie finden in Kroatien, je nachdem in welcher Region Sie sich befinden, unterschiedlichste Tierarten: Braunbären, Luchse, Wölfe, Delfine, Eidechsen, Geckos, Schlangen, Adler und viele mehr. Der Dalmatiner - eine Hunderasse - stammt ebenfalls aus Kroatien, aus der Küstenregion Dalmatien. Doch auch im Sprachgebrauch finden sich viele Redewendungen mit Tieren ...

2 62

Vergleiche wie im Deutschen *langsam wie eine Schnecke* oder *schlau wie ein Fuchs* finden Sie auch im Kroatischen. Vervollständigen Sie die Sätze.

lav • puž • miš • svinja • magarac • rak • lisica • guska • bik • mrav

1. Tvrdoglav kao m __ __ __ __ __ __ (*stur wie ein Esel*)
2. Mokar kao __ i __ (*nass wie eine Maus*)
3. Lukav kao __ __ s __ __ __ (*listig wie ein Fuchs*)
4. Hrabar kao __ __ v (*mutig wie ein Löwe*)
5. Crven kao r __ __ (*rot wie ein Krebs*)
6. Prljav kao __ __ __ nj __ (*schmutzig wie ein Schwein*)

7. Spor kao ___ u ___ (*langsam wie eine Schnecke*)

8. Jak kao b ___ ___ (*stark wie ein Stier*)

9. Sitan kao ___ ___ ___ v (*winzig wie eine Ameise*)

10. Glup kao ___ ___ ___ k ___ (*dumm wie eine Gans*)

3 63

Ordnen Sie die Wörter im Kasten der entsprechenden Kategorie in der Tabelle zu.

ruža • pas • majmun • tulipan • vrba • crv • slon • ptica
sova • peršin • krizantema • lavanda • mačka • konj
đurđica • ivančica • ljiljan • žirafa • nosorog • bršljan
čempres • jorgovan • kadulja • zec • krava • riba • vuk

životinje – *Tiere*	**biljke** – *Pflanzen*

LÖSUNG

2 **1.** magarac; **2.** miš; **3.** lisica; **4.** lav; **5.** rak; **6.** svinja; **7.** puž; **8.** bik; **9.** mrav; **10.** guska • **3** životinje: pas, majmun, crv, slon, ptica, sova, mačka, konj, žirafa, nosorog, zec, krava, riba, vuk; biljke: ruža, tulipan, vrba, peršin, krizantema, lavanda, đurđica, ivančica, ljiljan, bršljan, čempres, jorgovan, kadulja

Lavendel ist in Kroatien eine Nutzpflanze und es gibt viele Produkte, die daraus hergestellt werden, z. B. Öl oder Lavendelsäckchen für den Schrank. Dies sind auch beliebte Souvenire, denn über den herrlichen Duft freut sich jeder. In Dalmatien, besonders auf der Insel Hvar finden Sie riesige Lavendelfelder.

Ordnen Sie den Tieren auf den Bildern jeweils drei Eigenschaften der darunter angegebenen Adjektive zu.

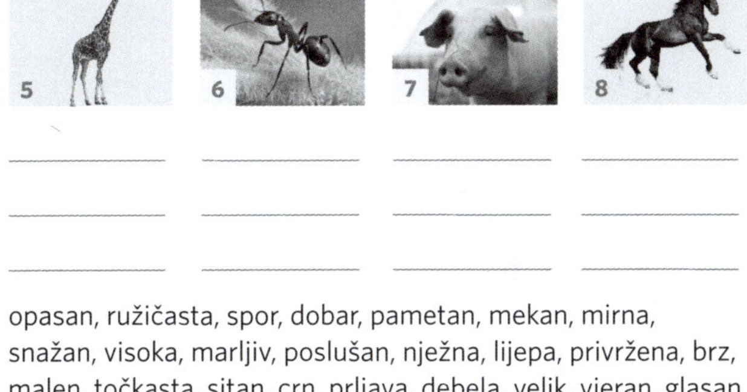

opasan, ružičasta, spor, dobar, pametan, mekan, mirna, snažan, visoka, marljiv, poslušan, nježna, lijepa, privržena, brz, malen, točkasta, sitan, crn, prljava, debela, velik, vjeran, glasan

5  **64**

Hören Sie den Dialog und bringen Sie ihn dann in die richtige Reihenfolge.

_____ **A** Moje su majmuni, a i slonovi.

_____ **B** Darko, što ćemo raditi danas?

_____ **C** To je stvarno dobra ideja. Može!

_____ **D** Imam ideju! Hoćemo li ići u zoološki vrt?

_____ **E** Moje omiljene životinje su lavovi. A tvoje?

_____ **F** Super. Idemo! Baš se veselim.

LÖSUNG

4 **1.** opasan, snažan, glasan; **2.** dobar, pametan, vjeran; **3.** nježna, lijepa, privržena; **4.** spor, malen, mekan; **5.** mirna, visoka, točkasta; **6.** marljiv, sitan, crn; **7.** ružičasta, prljava, debela; **8.** poslušan, brz, velik • **5** A5; B1; C3; D2; E4; F6

Farben  65

crveni, -a, -o	rot
zeleni, -a, -o	grün
ljubičasti, -a, -o	lila
plavi, -a, -o	blau
smeđi, -a, -e	braun
crni, -a, -o	schwarz
žuti, -a, -o	gelb
sivi, -a, -o	grau

Kleidung  66

kaput Mantel	**kapa** Mütze
džemper Pullover	**hlače** Hose
košulja Bluse	**majica** T-Shirt
suknja Rock	**jakna** Jacke
rukavice Handschuhe	**tenisice** Turnschuhe
čizme Stiefel	

Wohnen 67

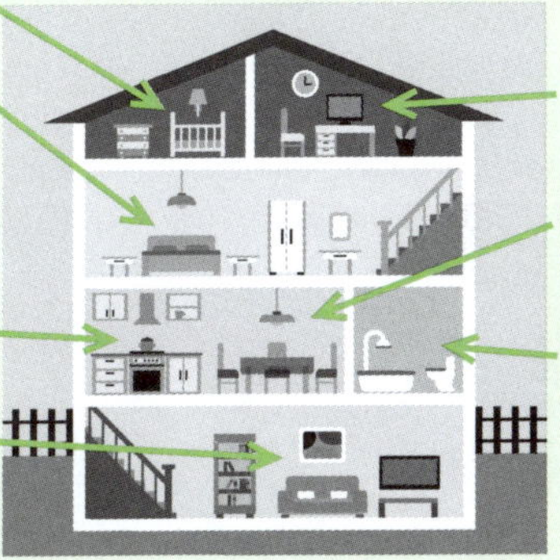

kuća
Haus

dječja soba
Kinderzimmer

spavaća soba
Schlafzimmer

radna soba
Arbeitszimmer

blagovaonica
Esszimmer

kuhinja
Küche

kupaonica
Badezimmer

dnevna soba
Wohnzimmer

Möbel  68

kada	Badewanne
tuš	Dusche
štednjak	Herd
hladnjak	Kühlschrank
perilica rublja	Waschmaschine
stol	Tisch
naslonjač	Sessel
televizor	Fernseher
krevet	Bett

Sind Sie in Kroatien auf der Suche nach Ihrem Glück? Dann besuchen Sie eine der drei Statuen von **Grgur Ninski** (Gregor von Nin), in Varaždin, eine 10 Meter hohe in Split und eine in Nin, die als älteste Stadt Kroatiens gilt. Sie stammen alle von dem bekannten Bildhauer Ivan Meštrović. Reiben Sie am linken großen Zeh der Statue: Das soll Glück bringen!

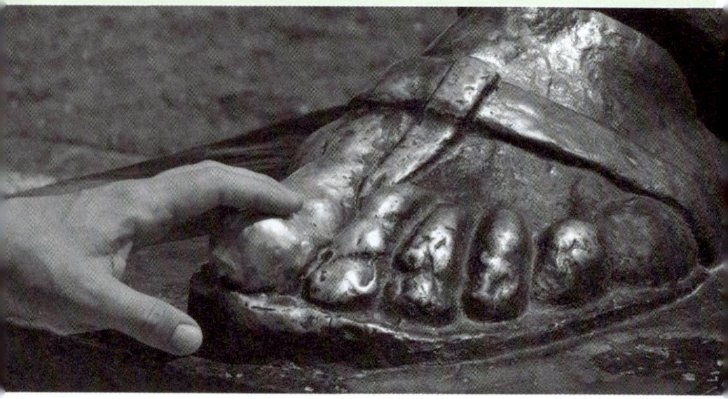

Finden Sie die Übersetzung der Begriffe in den Buchstabenschlangen.

1. **kazalište** MOLPTHEATEROPTFGUHVC
2. **glazba** OUZTWXBMUSIKLPIZVCMKI
3. **predstava** JHUGFASWVORSTELLUNGM
4. **izložba** YAUSSTELLUNGOPIZLNCBA

3

Ordnen Sie die Begriffe aus Kultur, Unterhaltung und traditioneller Souvenire den Bildern zu.

kazalište ▪ kino ▪ opera ▪ muzej ▪ Paška čipka ▪ Sinjska alka

1. _ _ Š _ _ _
   _ I _ _ _ _

2.  _ _ _ _ J

3.  _ _ _ O

4. _ _ NJ _ _
   A _ _ _

5. O _ _ _ _

6. K _ _ _ _ _ _ _

LÖSUNG

2 1. Theater; **2.** Musik; **3.** Vorstellung; **4.** Ausstellung

3 1. Paška čipka; **2.** muzej; **3.** kino; **4.** Sinjska alka; **5.** opera; **6.** kazalište;

Hören Sie den Dialog und vervollständigen Sie die Sätze.

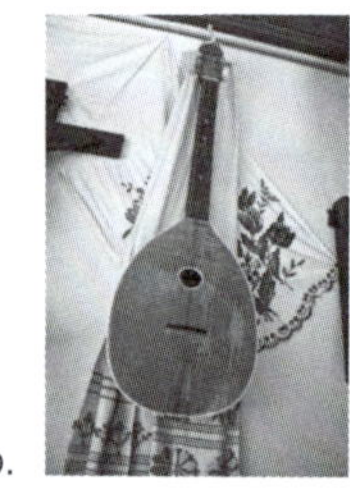

1. Dobar dan. Smijem li ______ nešto pitati?

2. Naravno, ______ pitajte.

3. Kako se zove ______ instrument?

4. Ah, to je ____________.

5. Što je ______ ?

6. To je naše tradicijsko __________ glazbalo.

7. U redu. Puno __________! Doviđenja!

Schauen Sie sich den Dialog in Aufgabe 4 und in Lektion 17 Aufgabe 5 nochmals an. Darin finden Sie besitzanzeigende Fürwörter (mein, dein...). Sehen Sie hier eine Übersicht dieser.

Sg.	m	f	n	Pl.	m	f	n
(ja)	moj	moj**a**	moj**e**	**(mi)**	naš	naš**a**	naš**e**
(ti)	tvoj	tvoj**a**	tvoj**e**	**(vi)**	vaš Vaš	vaš**a** Vaš**a**	vaš**e** Vaš**e**

(on) njegov, njegov**a**, njegov**o** **(oni)**
(ona) njezin, njezin**a**, njezin**o** **(one)**
(oni) njegov, njegov**a**, njegov**o** **(ona)**

} njihov, njihov**a**, njihov**o**

Setzen Sie nun diese in entsprechender Form in die Sätze ein.

1. (Ja) ____________ zabava počinje u osam sati.
(Meine Feier beginnt um 8 Uhr.)

2. (On) ____________ izložba je vrlo zanimljiva.
(Seine Ausstellung ist sehr interessant.)

3. (Oni) ____________ sin je kipar.
(Ihr Sohn ist ein Bildhauer.)

4. (Ti) To je ____________ slika.
(Das ist dein Bild.)

Merke:
Die Endung des Pronomens richtet sich nach dem Substantiv!

6 70

Die Uhrzeiten kennen Sie bereits. Hier erfahren Sie noch, wie die Uhrzeiten in der Umgangssprache klingen.

12:00 = **podne** *(Mittag)* / **ponoć** *(Mitternacht)*

1:15 = **jedan i petnaest** *(1:15)*;

jedan i četvrt *(Viertel nach 1)*

1:30 = **pola dva** *(halb 2)*; **jedan i pol** *(1 und ein halb)*

1:45 = **jedan i tričetvrt** *(1 Uhr und Dreiviertel)*;

tričetvrt dva *(Dreiviertel zwei)*

ujutro *(morgens)*; **popodne** *(nachmittags)*; **po noći** *(nachts)*

LÖSUNG

5 **1.** Moja; **2.** Njegova; **3.** Njihov; **4.** tvoja

4 **1.** Vaš; **2.** samo; **3.** Vaš; **4.** tamburica; **5.** to; **6.** hrvatsko; **7.** hvala •

1 

Kroatische Soldaten trugen während des 30-jährigen Krieges schöne Tücher um den Hals gebunden. Den modebegeisterten Parisern gefiel das natürlich sehr gut und so fingen sie an, Tücher **à la Croate** zu tragen. Dies war der Ursprung des Wortes **Cravate** – die Krawatte! Deshalb finden Sie diese auch in Souvenirläden, oft auch mit typisch kroatischen Mustern.

2

Finden Sie die deutsche Übersetzung für die genannten Kleidungsstücke.

1. kaput	___ **A** Hemd
2. jakna	___ **B** Shirt
3. hlače	___ **C** Rock
4. haljina	___ **D** Mantel
5. suknja	___ **E** Pullover
6. pidžama	___ **F** Mütze
7. majica	___ **G** Handschuhe
8. džemper	___ **H** Jacke
9. rukavice	___ **I** Pyjama
10. košulja	___ **J** Kleid
11. kapa	___ **K** Hose

3

Schauen Sie sich die Bilder an und ordnen Sie zu.

smeđi kaput • crna jakna • plava suknja • žuta kapa • siva pidžama • zelene hlače • crvena košulja • ljubičasta haljina

1 

2 

3 

4 

5 

6 

7 

8 

  7

Das Verb (sich) anziehen heißt auf Kroatisch **oblačiti (se)**. Dieses bezieht sich jedoch nur auf die Kleidung. Für Schuhe verwendet man das Verb **obuvati (se)**.

Djevojka oblači haljinu. – *Das Mädchen zieht das Kleid an.*

Dječak obuva cipele. – *Der Junge zieht die Schuhe an.*

LÖSUNG

2 1D; 2H; 3K; 4J; 5C; 6I; 7B; 8E; 9G; 10A; 11F • **3** **1.** plava suknja; **2.** crvena košulja; **3.** zelene hlače; **4.** žuta kapa; **5.** smeđi kaput; **6.** ljubičasta haljina; **7.** crna jakna; **8.** siva pidžama

5 71

Hier finden Sie verschiedene Begriffe für Schuhwerk. Tragen Sie diese in das Kreuzworträtsel ein.

papuča - sandala - cipela - tenisica - čarapa - čizma

T S

P Č

C

Č

Alle diese Begriffe sind im Singular. Bilden Sie den Plural.

1. **papuča** - ______________ *(Pantoffeln)*
2. **sandala** - ______________ *(Sandalen)*
3. **cipela** - ______________ *(Schuhe)*
4. **tenisica** - ______________ *(Turnschuhe)*
5. **čarapa** - ______________ *(Socken)*
6. **čizma** - ______________ *(Stiefel)*

6 72

Bringen Sie den kurzen Dialog in die richtige Reihenfolge.

___ **A** Idem ju probati.

___ **B** Ova bijela haljina mi se jako sviđa.

___ **C** Ne, meni se ne sviđa ružičasta boja.

___ **D** Lijepa je, ali nije li ljepša ružičasta?

7 § 6.1

In Lektion 13 haben Sie bereits die Dativ-Formen der Personalpronomen kennengelernt. Sehen Sie hier nun die Formen des Akkusativs. Setzen Sie die richtige Form ein.

	Akk. Sg.		Akk. Pl.
ja:	**me**	**mi:**	**nas**
ti:	**te**	**vi:**	**vas**
on, ono /ona:	**ga / ju**	**oni, one, ona:**	**ih**

1. Smijem li ____________ (ona - haljina) probati?

2. Možete li mi ____________ (one - cipele) pokazati?

3. Imate li ____________ (on - šešir) u drugoj boji?

LÖSUNG

5 1. papuče; **2.** sandale; **3.** cipele; **4.** tenisice; **5.** čarape; **6.** čizme • **6** A4; B1; C3; D2 • **7 1.** ju; **2.** ih; **3.** ga

In Kroatien wohnen häufig immer noch mehrere Generationen unter einem Dach. Diese Entwicklung ist wie auch in anderen Ländern rückläufig, doch besonders in den ländlichen Regionen Kroatiens immer noch sehr verbreitet. Die Jungen bauen heute wenn finanziell möglich an das Elternhaus an oder bauen es aus.

2

Hier finden Sie verschiedene Räume. Ordnen Sie zu.

1. **kupaonica**	____	A Schlafzimmer
2. **dnevna soba**	____	B Keller
3. **podrum**	____	C Küche
4. **dječja soba**	____	D Badezimmer
5. **blagovaonica**	____	E Kinderzimmer
6. **kuhinja**	____	F Wohnzimmer
7. **spavaća soba**	____	G Arbeitszimmer
8. **radna soba**	____	H Esszimmer

3

Welche Gegenstände befinden sich in diesen Räumen?
Wählen Sie jeweils einen passenden.

1. U kupaonici je ...

__ **A** kada __ **B** stol __ **C** štednjak

2. U dnevnoj sobi je ...

__ **A** tuš __ **B** perilica rublja __ **C** televizor

3. U kuhinji je ...

__ **A** krevet __ **B** hladnjak __ **C** naslonjač

LÖSUNG

2 1D; 2F; 3B; 4E; 5H; 6C; 7A; 8G • **3** 1A; 2C; 3B

Bringen Sie den Dialog in die richtige Reihenfolge und hören ihn dann zur Kontrolle.

____ A Bok. Dobro sam, hvala. A ti?

____ B Ne, preselila sam se prije pola godine.

____ C Bok. Kako si? Dugo se nismo vidjele.

____ D Imam dvosoban stan blizu Maksimira. Moraš me posjetiti da malo razgovaramo.

____ E Dobro, hvala. Je li još stanuješ u onom malom stanu blizu centra?

____ F A gdje sada stanuješ?

____ G Hoću. Žurim se na posao. Vidimo se uskoro!

preseliti se	*umziehen*	**stan**	*Wohnung*
prije	*vor (zeitl.)*	**morati**	*müssen*
godina	*Jahr*	**razgovarati**	*sich unterhalten*
dugo	*lange (zeitl.)*	**stanovati**	*wohnen*
vidjeti	*sehen*	**žuriti se**	*sich beeilen*
na posao	*zur Arbeit*	**uskoro**	*bald*

Wie viele andere slawische Sprachen haben viele kroatische Verben zwei Aspekte, vollendet (perfektiv) und unvollendet (imperfektiv). Viele der Verben haben die gleiche Bedeutung, es unterscheidet sie jedoch der Verlauf der Handlung, geschehend oder geschehen.

Marin kupuje aute. (kupovati imperf.) *Marin kauft Autos.* Das unvollendete Verb wird hier verwendet, um auszudrücken, dass das Geschehen sich immer wieder wiederholt oder auch in Zukunft noch andauern wird. **Marin je kupio auto. (kupiti perf.)** *Marin hat ein Auto gekauft.* In diesem Beispiel wird das vollendete Verb verwendet, da die Handlung einmalig stattgefunden hat und nicht mehr andauert. Auch bei Befehlen wird in der Regel das vollendete Verb verwendet.

Sehen Sie hier einige Beispiele.

vollendet (perfektiv) (abgeschlossen, einmalig)	**unvollendet (imperfektiv)** (andauernd, sich wiederholend)
platiti (ja platim) *bezahlen*	**plaćati (ja plaćam)**
kupiti (ja kupim) *kaufen*	**kupovati (ja kupujem)**
doći (ja dođem) *kommen*	**dolaziti (ja dolazim)**
ući (ja uđem) *eintreten*	**ulaziti (ja ulazim)**
donijeti (ja donesem) *bringen*	**donositi (ja donosim)**

Setzen Sie nun die richtige Form in die Sätze ein.

1. Ja ću **(platiti/plaćati)** ______________ račun.
2. **(Dođi/dolazi)** ______________ u kuću!
3. **(Uđi/ulazi)** ______________ unutra!
4. Marija i Marko **(kupe/kupuju)** ______________ stan.
5. Oblaci **(donesu/donose)** ______________ kišu!

LÖSUNG

4 A2; B4; C1; D6; E3; F5; G7 • **5** **1.** platiti; **2.** dođi; **3.** uđi; **4.** kupuju; **5.** donose

Berufe  74

Ja sam poštar.
Ich bin Briefträger.

Ja sam liječnik.
Ich bin Arzt.

Ja sam prodavačica.
Ich bin Verkäuferin.

Ja sam frizerka.
Ich bin Friseurin.

Što si po zanimanju?
Was bist du von Beruf?

Ja sam kuhar.
Ich bin Koch.

Ja sam arhitektica.
Ich bin Architektin.

Ja sam automehaničar.
Ich bin Automechaniker.

Ja sam vozač.
Ich bin Fahrer.

Arbeitsorte  75

kod kuće	zu Hause
u uredu	im Büro
u tvornici	in einer Fabrik
u tvrtki	in einer Firma
u bolnici	in einem Krankenhaus
u dućanu	in einem Geschäft
u školi	in einer Schule

Gdje radiš?
Wo arbeitest du?

Medien 76

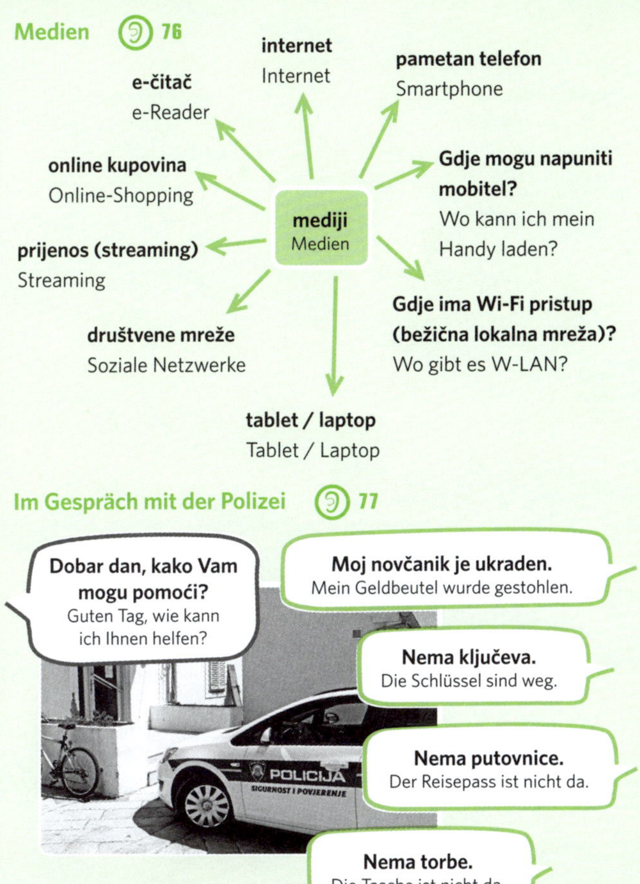

mediji
Medien

internet
Internet

pametan telefon
Smartphone

Gdje mogu napuniti mobitel?
Wo kann ich mein Handy laden?

Gdje ima Wi-Fi pristup (bežična lokalna mreža)?
Wo gibt es W-LAN?

tablet / laptop
Tablet / Laptop

društvene mreže
Soziale Netzwerke

prijenos (streaming)
Streaming

online kupovina
Online-Shopping

e-čitač
e-Reader

Im Gespräch mit der Polizei 77

Dobar dan, kako Vam mogu pomoći?
Guten Tag, wie kann ich Ihnen helfen?

Moj novčanik je ukraden.
Mein Geldbeutel wurde gestohlen.

Nema ključeva.
Die Schlüssel sind weg.

Nema putovnice.
Der Reisepass ist nicht da.

Nema torbe.
Die Tasche ist nicht da.

Mit der Frage **što si / ste po zanimanju**? können Sie erfahren, was jemand von Beruf ist. In Kroatien finden Sie sogar zwei ganz einzigartige Berufe. Seit dem Jahr 1877 wird in Zagreb jeden Mittag um 12 Uhr ein Kanonenschuss vom Turm in der Oberstadt abgefeuert und heute ist das eine Touristenattraktion. Dafür gibt es einen echten **topnik *(Kanonier)***. Zudem gibt es heute noch viele Gaslaternen in der Zagreber Oberstadt. Diese werden jeden Abend von einem Laternenanzünder angemacht.

2

Hier lesen Sie kurze Berufsbeschreibungen. Ordnen Sie die Berufe zu.

frizer • automehaničar • pjevač • liječnik • kuhar • prodavač • glumac • poštar

1. Popravljam aute. Ja sam ______________.
   Ich repariere Autos.
2. Liječim bolesne ljude. Ja sam ______________.
   Ich behandle kranke Menschen.
3. To je osoba koja šiša ljude. To je ______________.
   Das ist eine Person, die Menschen die Haare schneidet.
4. Glumim u filmovima. Ja sam ______________.
   Ich spiele in Filmen.

5. Pjevam pjesme. Ja sam ______________.
Ich singe Lieder.

6. To je čovjek koji radi u trgovini. To je ______________.
Das ist ein Mann, der im Kaufladen arbeitet.

7. Radim u kuhinji i kuham. Ja sam ______________.
Ich arbeite in der Küche und koche.

8. Donosim pisma. Ja sam ______________.
Ich bringe Briefe.

3 78

Finden Sie nun in der Buchstabenschlange die weiblichen Berufsbezeichnungen zu den Berufen in Aufgabe 2 sowie weitere und trennen Sie diese durch Schrägstriche.

f r i z e r k a p o š t a r i c a m e h a n i č a r k a g l u m i c a

k u h a r i c a l i j e č n i c a p j e v a č i c a p r o d a v a č i c a

u č i t e lj i c a s p o r t a š i c a k o n o b a r i c a s o b a r i c a

p o l i c a j k a a r h i t e k t i c a n o v i n a r k a p r a v n i c a

v o z a č i c a p l e s a č i c a k e m i č a r k a p s i h o l o g i nj a

š i v a č i c a t e h n i č a r k a s u t k i nj a k nj i ž e v n i c a

LÖSUNG

2 1. automehaničar; **2.** liječnik; **3.** frizer; **4.** glumac; **5.** pjevač; **6.** prodavač; **7.** kuhar; **8.** poštar • **3** frizerka/poštarica/mehaničarka/glumica/kuharica/liječnica/pjevačica/prodavačica/učiteljica/sportašica/konobarica/sobarica/policajka/akrhitektica/novinarka/pravnica/vozačica/plesačica/kemičarka/psihologinja/šivačica/tehničarka/sutkinja/književnica

In Aufgabe 2, in Satz 3 und 6 finden Sie das Wort **koja/koji**. Dieses Fragefürwort bedeutet *welche/r*. Hier finden Sie eine Übersicht für den Singular:

Nom	koji (m)	koja (f)	koje (n)
Gen	kojeg	koje	kojeg
Dat	kojem	kojoj	kojem
Akk	kojeg (belebt) koji (unbelebt)	koju	koje / koji
Vok	-	-	-
Lok	kojem	kojoj	kojem
Instr	kojim	kojom	kojim

Der **Vokativ** ist der 5. Fall im Kroatischen, jedoch kommt er nur bei der Anrede zur Verwendung!

5

Nun ein kleiner Dialog zum Vervollständigen.

Jesi li bila kod frizera?

1. Kod ____________?

2. Znaš onaj frizer s ____________ smo pričale na zabavi?

Da, sjećam se. Nažalost još nisam stigla.

6

Setzen Sie nun die passende Form des Interrogativpronomens in die Lücken ein.

1. ____________ restoran?
2. ____________ ljekarna?
3. ____________ pivo?
4. ____________ škola?
5. s ____________ ženom?
6. iz ____________ države?
7. kod ____________ jezera?
8. na ____________ stolu?
9. u ____________ sobi?
10. ____________ vino voliš?

Ordnen Sie den Bildern die jeweils passende Berufsbezeichnung zu und kreuzen Sie danach an, ob die Aussagen richtig oder falsch sind.

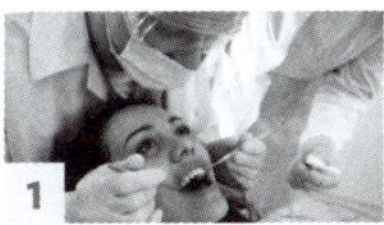

___ **A zidar** ___ **B zubar** ___ **C pekar**

	R	**F**
1. Zubar se brine o našim zubima.	☐	☐
2. Pekar kuha u restoranu.	☐	☐
3. Zidar uređuje vrt.	☐	☐

LÖSUNG

5 **1.** kojeg; **2.** kojim • **6** **1.** koji; **2.** koja; **3.** koje; **4.** koja; **5.** kojom; **6.** koje; **7.** kojeg; **8.** kojem; **9.** kojoj; **10.** koje • **7** 1B; 2C; 3A / 1. R; 2. F; 3. F

Die meist gelesenen Zeitungen in Kroatien sind **Večernji list** *(Abendblatt)*, **Jutarnji list** *(Morgenblatt)* und **Slobodna Dalmacija** *(Freies Dalmatien)*, sowie **24 sata** *(24 Stunden)*. Im Fernsehen schauen die meisten Kroaten den öffentlich-rechtlichen Sender **Hrvatska Radiotelevizija** - **HRT** *(Kroatische Rundfunkanstalt)*, **RTL** und den lokalen Sender **Nova TV**.

Wer liest was? Ordnen Sie die Zeitungsrubriken den passenden Beschreibungen zu.

1. **Sport** *(Sport)* ____
2. **Crna kronika** *(Schwarze Chronik)* ____
3. **Svijet** *(Die Welt)* ____
4. **Kultura** *(Kultur)* ____

A Maja želi znati gdje su izložbe.
Maja möchte wissen, wo Ausstellungen sind.

B Ivana zanimaju vijesti iz cijelog svijeta.
Ivan interessieren Nachrichten aus aller Welt.

C Ana hoće smršaviti s novom dijetom.
Ana möchte mit einer neuen Diät abnehmen.

D Marko voli nogomet.
Marko mag Fußball.

5. **Mali Oglasnik** *(Kleinanzeigen)* ____ **E** Danijel čita koje su se nesreće dogodile. *Danijel liest, welche Unfälle passiert sind.*

6. Ljepota i zdravlje *(Schönheit und Gesundheit)* ____ **F** Marija želi kupiti rabljeni auto. *Marija möchte ein gebrauchtes Auto kaufen.*

3 81

Hören und lesen Sie **TV raspored danas** *(TV Programm heute)* und finden Sie heraus, wie die Begriffe auf Kroatisch heißen.

U devet sati počinje crtić **„Pčelica Maja“** za djecu, a zatim slijede najnovije vijesti u **„Dnevniku“** u deset sati. U podne možete gledati novu reportažu **„Glas Domovine“**. Ne propustite seriju **„Kud puklo da puklo“** u dva sata popodne, a večeras u osam sati gledajte komediju **„Mala klinika ljubavi“**.

1. *Reportage* __________
2. *Komödie* __________
3. *Nachrichten* __________
4. *Serie* __________
5. *Zeichentrickfilm* __________

LÖSUNG

2 1D; 2E; 3B; 4A; 5F; 6C • **3** **1.** reportaža; **2.** komedija; **3.** vijesti; **4.** serija; **5.** crtić

Sich für eine Stelle zu bewerben, funktioniert in Kroatien nicht wesentlich anders als in Deutschland. Man benötigt also ein Anschreiben, sowie den Lebenslauf. Nur das Foto ist nicht so gängig. Finden Sie die richtigen Übersetzungen für folgende Begriffe.

1. Lebenslauf	___	A **Otvorena molba**
2. Anschreiben	___	B **Svjedodžba**
3. Zeugnis	___	C **Poslodavac**
4. Arbeit/Stelle	___	D **Natječaj**
5. Initativbewerbung	___	E **Zahtjevi**
6. Stellenausschreibung	___	F **Životopis**
7. Erfahrung	___	G **Molba**
8. Anforderungen	___	H **Posao/radno mjesto**
9. Arbeitgeber	___	I **Iskustvo**

5 § 7.5 82

Die Möglichkeitsform, der Konditional, wird mit dem Ihnen bereits vom Perfekt bekannten Partizip Perfekt + einer sonst seltener genutzten Form (Aorist) des Hilfsverbs biti **bih**, **bi**, **bismo**, **biste** gebildet:

ja:	**bih**	**mi:**	**bismo**
ti:	**bi**	**vi:**	**biste**
on, ona, ono:	**bi**	**oni, one, ona:**	**bi**

Beispielsätze für eine Bewerbung sind:

Želio bih Vam se predstaviti.	– *Ich würde mich Ihnen gerne vorstellen.*
Željela bih se priključiti Vašem timu.	– *Ich würde mich gerne Ihrem Team anschließen.*
Bio bih Vam zahvalan ukoliko biste razmotrili moju zamolbu.	– *Ich wäre Ihnen dankbar, wenn Sie meine Bewerbung durchsehen würden.*

6

Setzen Sie nun die richtige Form des Konditionals ein.

1. ____________ raditi za Vašu tvrtku. (voljeti, on)
   Ich würde gerne für Ihre Firma arbeiten.
2. ________ li ____________ pisati račune? (Vi, znati)
   Können Sie Rechnungen schreiben?
3. ____________________ Vam posao. (ponuditi, mi)
   Wir würden Ihnen gerne eine Stelle anbieten.

LÖSUNG

4 1F; 2G; 3B; 4H; 5A; 6D; 7I; 8E; 9C • **6** **1.** Volio bih; **2.** Biste li znali; **3.** Ponudili bismo

In Kroatien gibt es viele Behörden und Ämter, nicht anders als in Deutschland. Jedoch erhält man die **osobna iskaznica** *(Personalausweis)*, die dort das Kärtchenformat hat, und die **putovnica** *(Reisepass)* bei der Polizei. Auch Meldebescheinigungen des Wohnsitzes werden dort ausgegeben.

 83

Wird Ihr Geldbeutel gestohlen, müssen Sie zur Polizei gehen. Bringen Sie den Dialog in die richtige Reihenfolge und hören Sie dann, ob Sie richtig liegen.

____ **A** Dobar dan. Moj novčanik je ukraden. Jednostavno ga nema.
____ **B** A gdje se to desilo?
____ **C** Dobar dan, kako Vam mogu pomoći?
____ **D** Molim Vas broj telefona i adresu. Mi ćemo se javiti.
____ **E** Kožni je i smeđi.
____ **F** U redu. Hvala Vam puno.
____ **G** U tramvaju broj 11.
____ **H** Kako izgleda Vaš novčanik?

3  6.1

Im Dialog oben wird in Satz A die Form **ga** verwendet. Das ist die Genitivform des Personalpronomens **on**. Denn nach **nemati** *(es gibt nicht)* folgt immer der Genitiv. Sehen Sie hier alle Formen im Überblick und vervollständigen Sie danach die Sätze.

	Gen. Sg.		Gen. Pl.
ja:	me	mi:	nas
ti:	te	vi:	vas
on, ono /ona:	ga/je	oni, one, ona:	ih

1. Nema ključeva. Nema ___________.
Die Schlüssel sind nicht da. Sie sind nicht da.

2. Nema auta. Nema ___________.
Das Auto ist nicht da. Es ist nicht da.

3. Nema putovnice. Nema ___________.
Der Reisepaß ist nicht da. Er ist nicht da.

4. Nema torbe. Nema ___________.
Die Tasche ist nicht da. Sie ist nicht da.

5. Nema Marka. Nema ___________.
Marko ist nicht da. Er ist nicht da.

LÖSUNG

2 C1; A2; B3; G4; H5; E6; D7; F8 • **3 1.** ih; **2.** ga; **3.** je; **4.** je; **5.** ga

Wie das Futur gebildet wird, haben Sie bereist gelernt. Aber es gibt auch eine andere Form, um Zukunftspläne auszudrücken. Genau so wie im Deutschen kann man das Präsens anstelle des Futurs verwenden. **Sljedeći tjedan će Ana doći – Sljedeći tjedan dolazi Ana.** *(Nächste Woche wird Ana kommen. – Nächste Woche kommt Ana.)* Sie finden hier Sätze im Futur: Schreiben Sie diese mit dem Präsens um.

1. Maja će biti gotova sa školom krajem godine.

   ____

   Maja beendet die Schule Ende des Jahres.

2. Ivana će ići na fakultet sljedeće godine.

   ____

   Ivana geht nächstes Jahr an die Universität.

3. Darko će sutra dobiti vozačku dozvolu.

   ____

   Darko bekommt morgen den Führerschein.

4. Marko će u subotu biti punoljetan.

   ____

   Marko ist am Samstag volljährig.

5. Danijel će za vikend učiti za maturu.

   ____

   Danijel lernt am Wochenende für das Abitur.

6. Marija će platiti semestar u kolovozu.

____

Marija bezahlt das Semester im August.

> **Achtung:**
> Hat das vollendete Verb auch ein unvollendetes Gegenstück, so wird das Futur mit dem vollendeten Verb gebildet und das Futur mit Präsens mit dem unvollendeten!

  **84**

Welche Sätze verstecken sich hier? Trennen Sie durch Schrägstriche.

1. Ž e l i m s t u d i r a t i m a t e m a t i k u.

2. U p i s a l a s a m s e u e k o n o m s k u š k o l u.

3. J a ć u r a d i t i k a o p r a v n i k.

4. M o j s i n ž e l i k u p i t i k u ć u u z a g r e b u.

5. S l j e d e ć e g o d i n e h o ć u u p i s a t i v i s o k u š k o l u.

6. I v a n ž e l i d i p l o m i r a t i s p e t.

LÖSUNG

4 1. Maja je gotova sa školom krajem godine. **2.** Ivana ide na fakultet sljedeće godine. **3.** Darko sutra dobiva vozačku dozvolu. **4.** Marko je u subotu punoljetan. **5.** Danijel za vikend uči za maturu. **6.** Marija plaća semestar u kolovozu. • **5 1.** Želim studirati matematiku. **2.** Upisala sam se u ekonomsku školu. **3.** Ja ću raditi kao pravnik. **4.** Moj sin želi kupiti kuću u Zagrebu. **5.** Sljedeće godine hoću upisati visoku školu. **6.** Ivan želi diplomirati s pet.

Körperteile 85

Beim Arzt 86

Boli me grlo.
Ich habe Halsschmerzen.

Moje dijete je alergično.
Mein Kind ist allergisch.

Imam glavobolju./ Boli me glava.
Ich habe Kopfschmerzen.

Moje dijete ima temperaturu.
Mein Kind hat Fieber.

Loše mi je.
Mir ist schlecht.

Imam proljev.
Ich habe Durchfall.

In der Apotheke 87

Molim Vas nešto protiv grlobolje.
Bitte etwas gegen Halsschmerzen.

Što imate protiv proljeva?
Was haben Sie gegen Durchfall?

Imate li nešto protiv glavobolje?
Haben Sie etwas gegen Kopfschmerzen?

Molim Vas nešto protiv mučnine.
Bitte etwas gegen Übelkeit.

Wie auch im Deutschen gibt es im Kroatischen Redewendungen mit Körperteilen – **„živjeti kao bubreg u loju“** heißt genau übersetzt *„leben wie eine Niere im Talg“* und bedeutet in etwa *„im Reichtum leben“*. Oder **„sama kost i koža“** bedeutet wie im Deutschen *„nur Haut und Knochen“*, jedoch umgekehrt: Knochen und Haut.

2 88

Hier finden Sie weitere Redewendungen mit verschiedenen Körperteilen. Hören Sie, welches Wort fehlt.

1. Od krvi i ____________________.
   Aus Fleisch und Blut. (einfach/gewöhnlich sein)
2. Iz dubine ____________________.
   Aus tiefster Seele.
3. Dati zadnju kap ____________________.
   ‚Den letzten Tropfen Blut hergeben.‘ (alles opfern)
4. Da ti ____________________ stane.
   ‚Dass dein Gehirn stehen bleibt.‘ (unfassbar, unglaublich)
5. Povući nekoga za ____________________.
   ‚Jemanden an der Zunge ziehen.‘ (zum Reden bringen)
6. Nemati ____________________ na jeziku.
   ‚Keine Haare auf der Zunge haben.‘ (frei heraus reden)

7. Ideš mi na ________________.
‚Du gehst mir auf die Leber.' (auf die Nerven gehen)

8. Imati knedlu u ________________.
‚Einen Knödel im Hals haben.' (Kloß im Hals)

3

Es gibt Körperteile, die es hinsichtlich der Form grundsätzlich nur im Plural gibt. Danach richtet sich auch das Verb.

usta (Plural) *Mund* – **Usta su crvena.**

1. **prsa** (Plural) *Brust* – ________________ mišićava.
2. **grudi** (Plural) *Brust* – ________________ prednji dio tijela.
3. **leđa** (Plural) *Rücken* – ________________ zgrčena.

4 § **8.2**

Im Kroatischen kommen immer wieder Lautveränderungen vor wie in **ruka – torba u ruci; noga – gips na nozi.** Bei dieser werden die Buchstaben **k**, **g**, **h** vor einem i zu: **c**, **z**, **s**. Setzen Sie unten einmal den Lokativ, einmal die Pluralform ein.

1. šaka – u ______________ **(Lokativ)**
2. jezik – **Pl.**: ______________

> **Achtung:** Aus palac wird palci – das flüchtige a … erinnern Sie sich?

LÖSUNG

2 **1.** mesa; **2.** duše; **3.** krvi; **4.** mozak; **5.** jezik; **6.** dlake; **7.** jetra; **8.** grlu •
3 **1.** Prsa su; **2.** Grudi su; **3.** Leđa su • **4** **1.** šaci; **2.** jezici

Auf den Bildern sind die Sinnesorgane abgebildet. Ordnen Sie jeweils die kroatische Übersetzung und das entsprechende Verb zu.

oko • uho • usta/jezik • nos • ruke •
vidjeti • mirisati • čuti • pipati • okusiti

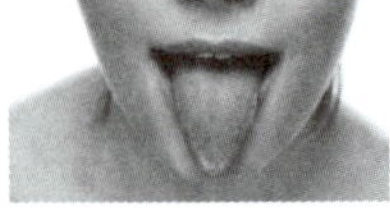

1. ______________

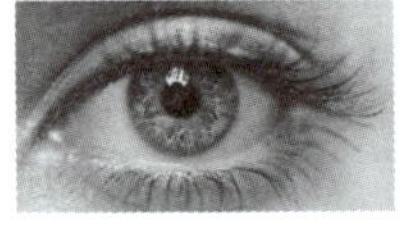

2. ______________

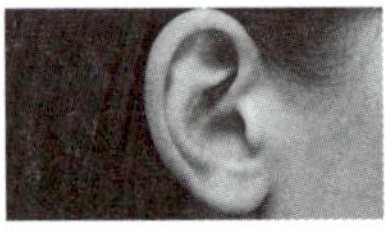

3. ______________

4. ______________

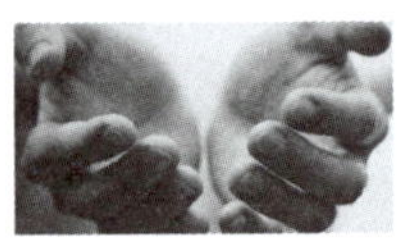

5. ______________

6

Kreuzen Sie an!

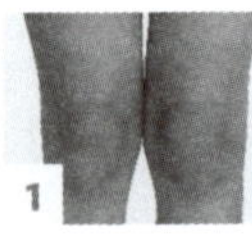

1

- **A** rame
- **B** koljeno
- **C** palac

2

- **A** uho
- **B** noga
- **C** grlo

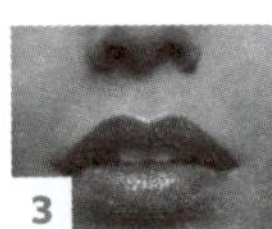

3

- **A** glava
- **B** usta
- **C** vrat

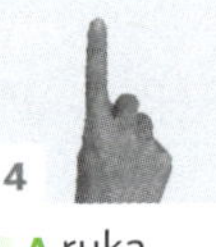

4

- **A** ruka
- **B** leđa
- **C** prst

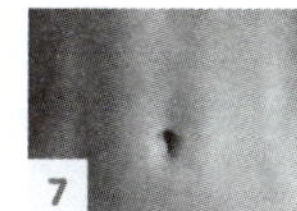

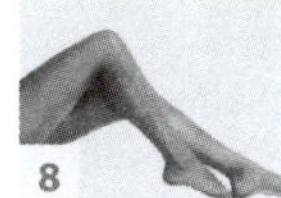

5	6	7	8
A glava	**A** nokat	**A** trbuh	**A** čelo
B oko	**B** prst	**B** lakat	**B** noga
C nos	**C** ruka	**C** peta	**C** brada

7

In dem Buchstabensalat finden Sie die jeweilige deutsche Übersetzung weiterer Körperteile.

1. **palac** k l ö d a u m e n o t r d s e w
2. **vrat** i n a c k e n m j h g e q y x v i
3. **leđa** o u z t r e w r ü c k e n m v c
4. **nokat** k j n a g e l ö p ü u t r e v b j
5. **lakat** k i e l l e n b o g e n q a d s l
6. **peta** ä l k o i u h z f e r s e w p p i
7. **čelo** l u z t r e s t s t i r n n m o i

LÖSUNG

5 1. usta/jezik; okusiti; **2.** oko; vidjeti; **3.** uho; čuti; **4.** nos; mirisati; **5.** ruke; pipati • **6** 1B; 2C; 3B; 4C; 5A; 6C; 7A; 8B • **7 1.** Daumen; **2.** Nacken; **3.** Rücken; **4.** Nagel; **5.** Ellenbogen; **6.** Ferse; **7.** Stirn

Sollten Sie in Ihrem Kroatienurlaub plötzlich krank werden, können Sie sich mit Ihrer europäischen Krankenversicherungskarte problemlos behandeln lassen.

So können Sie dem Arzt sagen, welche Beschwerden Sie haben:

Boli me grlo/trbuh/zub.	*Mein Hals/Bauch/Zahn tut weh.*
Imam glavobolju/vrtoglavicu.	*Ich habe Kopfschmerzen/ Schwindel.*
Loše mi je.	*Mir ist schlecht.*
Moje dijete ima temperaturu.	*Mein Kind hat Fieber.*
Moje dijete je alergično.	*Mein Kind ist allergisch.*

Verbinden Sie nun die Sätze, die Sie **u ljekarni** *(in der Apotheke)* benötigen, um das passende Mittel zu erhalten.

1. Boli me glava.	**A** ____ Molim Vas nešto protiv grlobolje.
2. Loše mi je.	**B** ____ Što imate protiv proljeva?
3. Boli me grlo.	**C** ____ Imate li nešto protiv glavobolje?
4. Imam proljev.	**D** ____ Molim Vas nešto protiv mučnine.

3 § 7.5

In Lektion 22 haben Sie die Möglichkeitsform (Konditional) kennengelernt. Diese wird auch in Verbindung mit dem Verb **trebati** *sollen* verwendet: **trebao/-la bih** *ich sollte* etc. – hier in der direkten Rede. Bei der indirekten Rede wird die Konjunktion **da** ***(dass)*** hinzugefügt. Setzen Sie nun ***sollte*** einmal in direkter Rede, dann in indirekter Rede ein.
Beispiel: „Trebao bi (ti, Marko) vježbati svaki tjedan."
Liječnik je rekao da bih trebao vježbati često ***(häufig)***.

1. „______________ (Vi, Darko) piti puno tekućine."
   Liječnik je rekao da ______________ piti puno vode.
2. „______________ (ti, Ana) jesti dvopek."
   Mama je rekla da ______________ jesti dvopek.
3. „______________ (Vi) mirovati."
   Ortoped je rekao da ______________ mirovati.

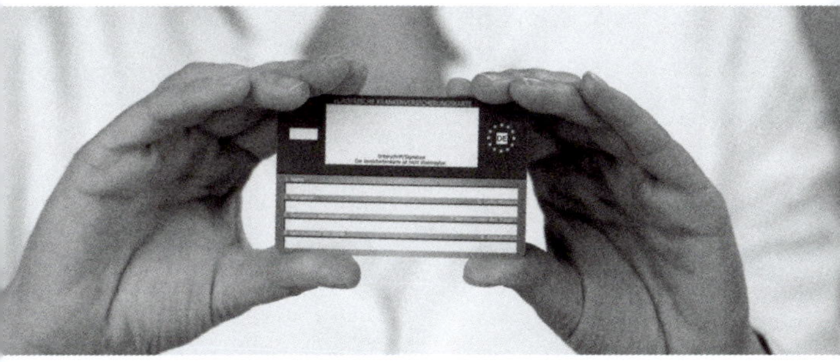

LÖSUNG

2 1C; 2D; 3A; 4B • **3 1.** Trebali biste/bih trebao; **2.** Trebala bi/bih trebala; **3.** Trebali biste/bih trebao

 90

Im Folgenden werden verschiedene Gefühle aufgeführt. Finden Sie die korrekte Übersetzung.

mržnja • ljubav • bijes • žalost • sreća • strah

1. Haß - ___ ___ ___ NJ ___
2. Glück - ___ R ___ ___ ___
3. Trauer - ___ ___ ___ ___ S ___
4. Liebe - LJ ___ ___ ___ ___
5. Wut - ___ I ___ ___ ___
6. Angst - ___ ___ ___ A ___

5 91

Was ist den folgenden Personen passiert? Schreiben Sie die passenden Wörter in die Lücken.

štake *Krücken* • **ozlijedio** *verletzt* • **porezala** *geschnitten* • **zavoj** *Verband* • **flaster** *Pflaster* • **slomio** *gebrochen* • **opekla** *verbrannt* • **povez** *Schlinge*

A Marija se ____________. Stavila je ____________.

B Darko je ____________ lakat. Sada nosi ____________ oko ruke.

C Marko je ____________ nogu. Ima gips i ____________.

D Ana je ____________ ruku. Liječnik joj je stavio ____________.

6

Čega bi se trebali držati da očuvamo zdravlje? (An was sollten wir uns halten, um die Gesundheit zu erhalten?) Kreuzen Sie jeweils eines an.

1. **A** piti puno vina **B** piti puno vode **C** ne piti puno

2. **A** jesti voće i povrće **B** jesti hamburgere **C** ne jesti

3. **A** gledati televiziju **B** ležati na trosjedu **C** kretati se

4. **A** ne jesti **B** jesti redovito **C** jesti jednom na dan

7 92

In der Buchstabenschlange finden sich verschiedene Bezeichnungen für Ärzte. Trennen Sie diese durch Schrägstriche.

z u b a r g i n e k o l o g o k u l i s t p e d i j a t a

r o r t o p e d o t o r i n o l a r i n g o l o g u r o

l o g d e r m a t o l o g k a r d i o l o g n e u r o l

o g p s i h i j a t a r p s i h o l o g k i r u r g

LÖSUNG

4 1. mržnja; **2.** sreća; **3.** žalost; **4.** ljubav; **5.** bijes; **6.** strah • **5** A porezala/flaster; B ozlijedio/povez; C slomio/štake; D opekla/zavoj • **6** 1B; 2A; 3.C; 4B • **7** zubar/ginekolog/okulist/pedijatar/ortoped/otorinolaringolog/urolog/dermatolog/kardiolog/neurolog/psihijatar/psiholog/kirurg

ANHANG

1 Grammatik

2 Lektionswortschatz

§ 1 SUBSTANTIVE

Substantive sind Wörter, die Lebewesen, Gegenstände und Erscheinungen benennen.

§ 1.1 GENUS DER SUBSTANTIVE

Da es im Kroatischen keine Artikel gibt, erkennt man das Geschlecht in der Regel an der **Endung** der Substantive. Es gibt drei Geschlechter: **maskulin**, **feminin** und **neutral**.

Maskuline Substantive enden auf einen Konsonanten: sto**l**, da**n**, pa**s**. Namen oder Kosenamen enden auf **-a**: tat**a**, Nikol**a**, Luk**a**; oder auf **-o**: Franj**o**, Miljenk**o**, aut**o**, radi**o**.

Feminine Substantive enden in der Regel auf **-a**: glav**a**, stolic**a**, sestr**a**. Es gibt aber auch ein paar feminine Wörter, die auf einen Konsonanten enden: ljuba**v**, no**ć**,veče**r**.

Neutrale Substantive enden auf **-o** oder **-e**: vin**o**, piv**o**, uh**o**, dijet**e**, mor**e**, sunc**e**.

§ 1.2 NUMERUS DER SUBSTANTIVE

Die meisten Substantive haben sowohl eine Singular- als auch eine Pluralform. Einige wenige haben jedoch nur die Pluralform, siehe Abschnitt zum Plurale tantum unten.

Den Plural bei **maskulinen** Wörtern bildet man mit **-i**: student**i**, papir**i**, fakultet**i**.

Einsilbige Wörter, die auf **č**, **ć**, **dž**, **đ**, **j**, **lj**, **nj**, **š**, **ž** enden, bilden den Plural auf **-evi**: ključ**evi**, nož**evi**, broj**evi**.

Alle anderen Einsilbigen enden im Plural auf **-ovi**: brod**ovi**, sat**ovi**, stol**ovi**.

Wenn bei der Pluralbildung vor der Endung **-i** ein **k**, **g** oder **h** stehen, kommt es zu einer Lautveränderung und **k** wird zu **c**, **g** wird zu **z** und **h** wird zu **s**: oto**k** – oto**ci**; bilje**g** – bilje**zi**; ora**h** – ora**si**, ausführlicher unter §8.

Der Plural **femininer** Substantive wird mit **-e** gebildet: žen**e**, kuć**e**, stolic**e**. Bei denen, die auf einen Konsonanten enden, aber weiblich sind, ist die Pluralendung **-i**: ljubav**i**, noć**i**, večer**i**.

Das Neutrum bildet den Plural auf **-a**: vin**a**, piv**a**, mor**a**, sunc**a**.

PLURALE TANTUM

Es gibt Substantive, die ausschließlich im Plural vorkommen. Das dazugehörige Verb steht dabei ebenfalls im Plural.

Vrata su zatvorena. – *Die Tür ist geschlossen.*

Beispiele: **hlače, leđa, naočale, novine, prsa, škare, usta, vrata**

 1.3 KASUS DER SUBSTANTIVE

Nach dem **Kasus (Fall)** verändern Substantive ihre Form durch **Deklination**. Fälle sind Substantivformen, die abhängig von anderen Wörtern im Satz ihre Endung verändern.

	Frage für Belebtes	Frage für Unbelebtes
Nominativ	tko?	što?
Genitiv	koga?	čega?
Dativ	komu?	čemu?
Akkusativ	koga?	što?
Vokativ	oj!	ej?
Lokativ	o komu?	o čemu?
Instrumental	s kim?	s čim?

§ 1.4 DEKLINATION DER SUBSTANTIVE

Singular	maskulin	feminin*		neutral
Nominativ	–	-a	–	-o/-e
Genitiv	-a	-e	-i	-a
Dativ	-u	-i	-i	-u
Akkusativ	-a	-u	–	-o/-e
Akk. für unbelebt	–			
Vokativ	-e/-u	-o/-a/-e	-i	-o/-e
Lokativ	-u	-i	-i	-u
Instrumental	-om/-em	-om	-i/-u	-om/-em

Plural	maskulin	feminin*		neutral
Nominativ	-i (-ovi/-evi)	-e	-i	-a
Genitiv	-a	-a	-i	-a
Dativ	-ima	-ama	-ima	-ima
Akkusativ	-e	-e	-i	-a
Vokativ	-i	-e	-i	-a
Lokativ	-ima	-ama	-ima	-ima
Instrumental	-ima	-ama	-ima	-ima

* Die rechte Spalte bezieht sich auf feminine Wörter, die auf einen Konsonanten enden.

Die Unterscheidung für belebt und unbelebt finden wir nur bei **maskulinen** Substantiven!

Die meisten Sustantive, die im **Nominativ** Singular auf **-ac** oder **-ak** enden, verlieren das **-a** in allen anderen Fällen (bis auf Gentitiv Plural): muškar**ac** – muškar**ca** *(Mann)* etc.

Folgende **Verben** stehen immer mit dem **Genitiv**: **bojati se** *(sich fürchten)*, **sjećati se** *(sich erinnern)* und **nemati** *(es gibt nicht)*.
Der **Genitiv Singular** steht immer nach den **Zahlen 2, 3** und **4** und allen damit zusammen gesetzten Zahlen (22, 23, 24).
Genitiv Plural steht immer nach den **Zahlen 5–10** und allen, die damit enden, sowie nach den Zahlen **11–19**.

Einige **Verben**, auf welche der **Dativ** folgt, sind: **darovati** *(schenken)*, **kazati** *(sagen)*, **pomagati** *(helfen)*.

Beim **Akkusativ** unterscheiden wir im Maskulinum zwischen belebt und unbelebt. Der Akkusativ beschreibt das **direkte Objekt** oder den Gegenstand der Handlung, aber auch die **Richtung** mit den Fragen **kamo?/kuda?** - **idem u Zagreb** *(ich gehe nach Zagreb)*.

Der **Vokativ** ist ein Anredefall: Ivan - Ivan**e**, Ana - An**o**, sestr**a** - sestr**o**, gospođ**a** - gospođ**o**, gospodi**n** - gospodin**e**.

Mit dem **Lokativ** wird der **Handlungsort** beschrieben. Er ist von der Form her identisch mit dem Dativ, jedoch wird er nur in Verbindung mit folgenden **Präpositionen** verwendet: **u**, **na**, **o** **po**, **pri**, **prema** *(in, auf, über, auf/in herum, bei, in Richtung)*. Bei Ländernamen, die auf **-čka**, **-ska**, **-ška** enden, ist die Lokativendung **-oj**.

Instrumental ist der Fall des **Mittels/Werkzeugs**, wird aber auch mit der Frage **kada?** *(wann?)* verwendet, jedoch nur bei immer wiederkehrenden Handlungen: **subotom** *(samstags)*. Substantive, die im Nominativ Singular auf **č**, **ć**, **dž**, **đ**, **j**, **lj**, **nj**, **š**, **ž** enden, erhalten die Endung **-em**.

§ 2 PRÄPOSITIONEN

Präpositionen haben Auswirkungen auf das Substantiv mit welchem sie vorkommen und haben Einfluß auf den Kasus. Im Nominativ und Vokativ gibt es keine Präpositionen.

Genitiv	**bez** *ohne;* **blizu** *nahe / in der Nähe von;* **do** *bis;* **do** *bis;* **ispod** *unter;* **ispred** *vor (räuml.);* **iz** *aus;* **iza** *hinter;* **između** *zwischen;* **iznad** *über (räuml.);* **izvan** *außerhalb;* **kod** *bei;* **nakon** *nach (zeitl.);* **od** *von, seit;* **oko** *gegen (zeitl.) / um (räuml.);* **osim** *außer;* **pokraj / pored** *neben;* **poslije** *nach (zeitl.);* **prije** *vor (zeitl.);* **protiv** *gegen;* **radi / zbog** *wegen;* **umjesto** *statt;* **usprkos** *trotz;* **za** *für*
Dativ	**k(a)** *zu, an, nach (wohin?)*
Akkusativ	**kroz** *durch (räuml.);* **na** *auf (räuml.);* **pod** *unter (wohin? - Richtung);* **pred** *vor (wohin? - Richtung);* **u** *nach (wohin? - Richtung), um (zeitl.);* **uz** *entlang / bei;* **za** *für*
Lokativ	**na** *auf, an (wo?);* **o** *von, über;* **po** *auf / in herum;* **prema** *in Richtung;* **pri** *bei, an;* **u** *in (wo?)*
Instrumental	**među** *zwischen, unter;* **nad** *über (räuml.);* **pod** *unter (wo?);* **pred** *vor (wo?);* **s/sa** *mit;* **za** *hinter (wo?)*

§ 3 ADJEKTIVE

Adjektive sind Wörter, die das Substantiv näher beschreiben. Sie drücken etwas über Form, Größe und andere Eigenschaften aus. Sie müssen immer im Genus (Geschlecht), Kasus (Fall) und Numerus (Zahl) mit dem jeweils zugehörigen Substantiv übereinstimmen.

Adjektive kommen in zwei Formen vor: **bestimmt** und **unbestimmt**.

1. Die **unbestimmte** Form qualifiziert das Substantiv und antwortet auf die Frage **kakav/kakva/kakvo?** *was für ein/eine/ein?*

Endungen: (m) auf Konsonant, **ohne Endung**

(f) **-a**

(n) **-o/-e**

lijep dan *schöner Tag;* **ovaj je auto bijel** *dieses Auto ist weiß*
2. Die **bestimmte** Form identifiziert das Substantiv und antwortet auf die Frage **koji/koja/koje?** *welcher/welche/welches?*

Endungen: (m) **-i**

(f) **-a**

(n) **-o/-e**

ovo je bijeli auto *das ist ein weißes Auto*

3. **Plural**-Endungen: (m) **-i**, (f) **-e**; (n) **-a**

§ 3.1 DEKLINATION DER ADJEKTIVE

Singular	maskulin	feminin	neutral
Nominativ	-i (-)*	-a	-o
Genitiv	-og (-a)	-e	-og (-a)
Dativ	-om (-u)	-oj	-om (-u)

Akkusativ	-og (-a)	-u	-o
Akk. für unbelebt	-i	–	–
Vokativ	-i	-a	-o
Lokativ	-om	-oj	-om
Instrumental	-im	-om	-im

Plural	**maskulin**	**feminin**	**neutral**
Nominativ	-i	-e	-a
Genitiv	-ih	-ih	-ih
Dativ	-im	-im	-im
Akkusativ	-e	-e	-a
Vokativ	-i	-e	-a
Lokativ	-im	-im	-im
Instrumental	-im	-im	-im

* Die Klammern beziehen sich auf die unbestimmte Form, wenn diese abweicht.

Die gebräuchliche Form ist die bestimmte, die unbestimmte wird kaum noch verwendet.

§ 3.2 STEIGERUNG DER ADJEKTIVE

Bei der Steigerung von Adjektiven gibt es drei Stufen:

Grundform: die „ursprüngliche" Form des Adjektivs

Komparativ: die 1. Steigerungsform - an den Adjektivstamm wird die entsprechende Endung angehängt

Superlativ: vor den Komparativ setzt man die Vorsilbe **-naj**.

Es gibt 3 Gruppen von Endungen im Komparativ:

	1.	**2.**	**3.**
Sg.	-iji, -ija, -ije	-(l)ji, -(l)ja, -(l)je	-ši, -ša, -še
Pl.	-iji, -ije, -ija	-(l)ji, -(l)je, -(l)ja	-ši, -še, -ša

Die meisten Adjektive fallen in die erste Gruppe, die wenigsten in die dritte. Der Stamm des Adjektivs ist identisch mit der unbestimmten Form maskulin.

Beispiele:

1. **star (-a, -o) stariji (-ija, -ije) najstariji (-ija, -ije)** *alt*
2. **skup (-a, -o) skuplji (-lja, -lje) najskupli (-lja, -lje)** *teuer*
3. **lijep (-a, -o) ljepši (-ša, -še) najljepši (-ša, -še)** *schön*

Achtung: im dritten Beispiel kommt es zum Wegfall des i in allen weiteren Formen!
Vorsicht bei Adjektiven, die auf **-ak**, **-ek**, **-ok** enden: Diese gehören in die 2. Gruppe, doch vor der Komparativendung kommt es zu einer **Lautveränderung:**
kratak => krat + ji = kraći *kurz;* **nizak** => niz + ji = niži *niedrig*

dalek => dal + ji = dalji *weit;* **visok** => vis + ji = viši *hoch*

Lautveränderungen kommen in dieser Gruppe häufiger auch bei anderen Adjektiven vor (**Jotierung**):

brz, brži, najbrži *schnell, schneller, am schnellsten*
jak, jači, najjači *stark, stärker, am stärksten*
mlad, mlađi, najmlađi *jung, jünger, am jüngsten*
tih, tiši, najtiši *leise, leiser, am leisesten*

Unregelmäßige Steigerung:

dobar, bolji, najbolji *gut, besser, am besten*
zao, gori, najgori *schlecht, schlechter, am schlechtesten*
malen, manji, najmanji *klein, kleiner, am kleinsten*
velik, veći, najveći *groß, größer, am größten*
debeo, deblji, najdeblji *dick, dicker, am dicksten*

Weitere Vergleichsmöglichkeiten

Es gibt zwei weitere Möglichkeiten des Vergleichs:

1. Mit dem Wort **nego** + Nominativ:

Split je veći nego Rijeka. *Split ist größer als Rijeka.*

2. Mit dem Wort **od** + Genitiv:

Split je veći od Rijeke. *Split ist größer als Rijeka.*

§ 4 ADVERBIEN

Abgeleitete Adverbien haben in der Regel die Neutrumform der Adjektive, z. B. **brzo** *schnell;* **tiho** *leise*

Kako vozi auto? Brzo.	*Wie fährt das Auto? Schnell.*
Pjevali su tiho (kako?).	*Sie haben leise gesungen (wie?).*

Adverbien werden nicht dekliniert, jedoch gesteigert wie Adjektive.

Adverbien unterscheiden sich von Adjektiven: Sie haben keinen Kasus und verändern sich somit nicht.

Ona je dobra prijateljica. *Sie ist eine gute Freundin.* **(Adj.)**

Ona je dobro. *Ihr geht es gut.* **(Adv.)**

On je dobar dječak. *Er ist ein guter Junge.* **(Adj.)**

On je dobro. *Ihm geht es gut.* **(Adv.)**

Hier eine Übersicht einiger Adverbien:

ovdje/tu	*hier*	**nigdje**	*nirgendwo*
sada	*jetzt*	**mnogo**	*viel*
napokon	*endlich*	**tamo**	*dort*
skoro	*fast*	**odmah**	*sofort*
sutra	*morgen*	**uvijek**	*immer*
vani	*draußen*	**naprijed**	*vorwärts*
ovuda	*hier entlang*	**nikada**	*nie*

§ 5 ZAHLEN

Zahlen geben die Menge an (Kardinalzahlen) und antworten auf die Frage **Koliko?** *Wie viel?* oder die Reihenfolge (Ordnungszahlen) und antworten auf die Frage **Koji?** *Welcher?* **Koja?** *Welche?* **Koje?** *Welches?*

Die Zahlen 1 und 2 haben ein Geschlecht (sowie alle Zahlen, die auf 1 oder 2 enden: 21, 32, etc.):

1 jedan (m) jedna (f) jedno (n)

2 dva (m) dvije (f) dva (n)

Ab der Zahl 2 bestimmt die Zahl den Kasus des nachfolgenden Substantivs:

- nach **2**, **3**, **4** (und allen Zahlen, die auf diese Ziffern enden), stehen die Substantive **IMMER** im **Genitiv Singular**

- ab der Zahl 5 stehen die Zahlen **IMMER** im **Genitiv Plural**

0 nula	10 deset	20 dvadeset
1 jedan/jedna/jedno	11 jedanaest	21 dvadeset jedan
2 dva/dvije/dva	12 dvanaest	22 dvadeset dva
3 tri	13 trinaest	23 dvadeset tri
4 četiri	14 četrnaest	24 dvadeset četiri
5 pet	15 petnaest	25 dvadeset pet
6 šest	16 šesnaest	26 dvadeset šest
7 sedam	17 sedamnaest	27 dvadeset sedam
8 osam	18 osamnaest	28 dvadeset osam
9 devet	19 devetnaest	29 dvadeset devet

30 trideset	200 dvjesto	3000 tri tisuće
40 četrdeset	300 tristo	4000 četiri tisuće
50 pedeset	400 četristo	5000 pet tisuća
60 šezdeset	500 petsto	6000 šest tisuća
70 sedamdeset	600 šesto	7000 sedam tisuća
80 osamdeset	700 sedamsto	8000 osam tisuća
90 devedeset	800 osamsto	9000 devet tisuća
100 sto	900 devetsto	1 000 000 milijun
101 sto jedan	1000 (tisuća) tisuću	
102 sto dva	2000 dvije tisuće	

§ 5.1 ORDNUNGSZAHLEN

Ordnungszahlen werden wie Adjektive dekliniert und richten sich im Genus, Numerus und Kasus immer nach den Substantiven.

Die Endungen sind **-i**, **-ti**, **-iti** und werden an die Form der Kardinalzahlen gehängt bis auf die ersten vier, die eine Ausnahme bilden.

1. **prvi prva prvo**
2. **drugi druga drugo**
3. **treći treća treće**
4. **četvrti četvrta četvrto**
5. **peti peta peto**
6. **šesti šesta šesto**
7. **sedmi sedam sedmo**
8. **osmi osma osmo** usw.

6 PRONOMEN

Pronomen sind Wörter, die Substantive ersetzen.

6.1 PERSONALPRONOMEN

Es gibt betonte und unbetonte Formen. Unbetonte Formen (in Klammern) können nicht am Satzanfang oder nach einer Präposition stehen.

Singular					
Nom.	**ja**	**ti**	**on**	**ona**	**ono**
Gen.	mene (me)	tebe (te)	njega (ga)	nje (je)	njega (ga)
Dat.	meni (mi)	tebi (ti)	njemu (mu)	njoj (joj)	njemu (mu)
Akk.	mene (me)	tebe (te)	njega (ga)	nju (je, ju)	njega (ga)
Vok.	–	ti!	–	–	–
Lok.	meni (mi)	tebi (ti)	njemu (mu)	njoj (joj)	njemu (mu)
Instr.	(sa) mnom	(s) tobom	(s) njim	(s) njom	(s) njim

Plural					
Nom.	**mi**	**vi**	**oni**	**one**	**ona**
Gen.	nas	vas	njih (ih)	njih (ih)	njih (ih)
Dat.	nama (nam)	vama (vam)	njima (im)	njima (im)	njima (im)
Akk.	nas	vas	njih (ih)	njih (ih)	njih (ih)
Vok.	-	vi!	-	-	-
Lok.	nama	vama	njima	njima	njima
Instr.	nama	vama	njima	njima	njima

§ 6.2 POSSESSIVPRONOMEN

Possessivpronomen (besitzanzeigende Fürwörter) drücken aus, wem etwas gehört. Sie antworten auf die Frage *Wessen?* **Čiji? Čija? Čije?**

Possessivpronomen verhalten sich wie Adjektive: Sie haben ein Geschlecht wie diese und werden dekliniert wie Adjektive.

Das reflexive Possessivpronomen **svoj, svoja, svoje, svoji, svoje, svoja** wird immer benutzt, wenn die bezeichnete Person oder Sache identisch mit dem Subjekt des Satzes ist.

Volim svoju mamu. *Ich liebe meine (eigene) Mama.*

Singular			
Nominativ	**moj**	**moja**	**moje**
Genitiv	mojeg	moje	mojeg
Dativ	mojem	mojoj	mojem
Akkusativ	mojeg	moju	moje
Akk. (unbelebt)	moj	–	–
Vokativ	moj	moja	moje
Lokativ	mojem	mojoj	mojem
Instrumental	mojim	mojom	mojim

Ebenso tvoj, tvoja, tvoje + svoj, svoja, svoje

Plural			
Nominativ	**moji**	**moje**	**moja**
Genitiv	mojih	mojih	mojih
Dativ	mojim	mojim	mojim
Akkusativ	moje	moje	moja
Vokativ	moji	moje	moja
Lokativ	mojim	mojim	mojim
Instrumental	mojim	mojim	mojim

Singular			
Nominativ	**naš**	**naša**	**naše**
Genitiv	našeg	naše	našeg
Dativ	našem	našoj	našem
Akkusativ	našeg	našu	naše
Akk. (unbelebt)	naš		
Vokativ	naš	naša	naše
Lokativ	našem	našoj	našem
Instrumental	našim	našom	našim

Ebenso vaš, vaša, vaše

Plural			
Nominativ	**naši**	**naše**	**naša**
Genitiv	naših	naših	naših
Dativ	našim	našim	našim
Akkusativ	naše	naše	naša
Vokativ	naši	naše	naša
Lokativ	našim	našim	našim
Instrumental	našim	našim	našim

Singular

Nominativ	njegov	njegova	njegovo
Genitiv	njegovog	njegove	njegovog
Dativ	njegovom	njegovoj	njegovom
Akkusativ	njegovog	njegovu	njegovo
Akk. (unbelebt)	njegov	–	–
Vokativ	–	–	–
Lokativ	njegovom	njegovoj	njegovom
Instrumental	njegovim	njegovom	njegovim

Ebenso njezin, njezina, njezino + njihov, njihova, njihovo

Plural

Nominativ	njegovi	njegove	njegova
Genitiv	njegovih	njegovih	njegovih
Dativ	njegovim	njegovim	njegovim
Akkusativ	njegove	njegove	njegova
Vokativ	–	–	–
Lokativ	njegovim	njegovim	njegovim
Instrumental	njegovim	njegovim	njegovim

§ 6.3 DEMONSTRATIVPRONOMEN

Demonstrativpronomen sind hinweisende Fürwörter:

Singular: ovaj, ova, ovo Plural: ovi, ove, ova

dieser (hier, in der Nähe des Sprechers)

Singular: taj, ta, to Plural: ti, ta, te

der (da, in der Nähe des Hörers)

Singular: onaj, ona, ono Plural: oni, one, ona

jener (dort, entfernt von beiden)

§ 6.4 INTERROGATIV- UND RELATIVPRONOMEN

Interrogativpronomen sind Fragewörter, die auch die Funktion von Relativpronomen einnehmen können.

	Nom.	**Gen.**	**Dat.**	**Akk.**	**Lok.**	**Instr.**
wer?	tko	koga	komu	koga	komu	kim
was?	što	čega	čemu	što	čemu	čim

koji? koja? koje? *welcher? welche? welches?*

čiji? čija? čije? *wessen?*

kakav? kakva? kakvo? *was für (ein)? wie?*

7 VERBEN

Verben sind Wörter, die einen Zustand, eine Handlung oder ein Ereignis ausdrücken. Die Grundform eines Verbs, der Infinitiv, ist die Form, die im Wörterbuch zu finden ist. An den Endungen erkennt man die Person. Die Personalpronomen werden meist nicht verwendet. Die meisten Verben enden auf **-ti** (**imati** *haben*), manche auch auf **-ći** (**moći** *können*). Bei reflexiven Verben verändert sich das rückbezügliche Pronomen **se** nie (**zovem se** *ich heiße*).

7.1 PRÄSENS

Die Gegenwart wird mit dem Präsensstamm (Infinitiv ohne **-ti** / **-ći**) und den entsprechenden Endungen gebildet. Es gibt vier Endungsgruppen: **-am**, **-im**, **-em**, **-jem**

	ima**ti**	volje**ti***	jes**ti**	pi**ti**
	haben	*lieben*	*essen*	*trinken*
ja	im**am**	vol**im**	jed**em**	pij**em**
ti	im**aš**	vol**iš**	jed**eš**	pij**eš**
on, -a, -o	im**a**	vol**i**	jed**e**	pij**e**
mi	im**amo**	vol**imo**	jed**emo**	pij**emo**
vi	im**ate**	vol**ite**	jed**ete**	pij**ete**
oni,-e, -a	im**aju**	vol**e**	jed**u**	pij**u**

* Dem Verb **voljeti** sehen Sie auf den ersten. Blick nicht an, dass es in die Gruppe **-im** gehört. Doch alle Verben, die auf **-jeti** enden (**voljeti, živjeti, vidjeti** etc.), fallen in diese Gruppe.

Ein Tipp: Am besten wird die Form für die 1. Person Präsens, die in einem Wörterbuch immer mit angegeben wird, mitgelernt!

Die 2. Person Plural ist gleichzeitig auch die Höflichkeitsform und wird groß geschrieben: **Vi**.

Hilfsverben

Das Hilfsverb **biti** *sein* und **htjeti** *wollen*.

Unbetonte (kurze) Form von **biti** *sein*.

Singular	**Plural**
ja **sam**	mi **smo**
ti **si**	vi **ste**
on/ona/ono **je**	oni/one/ona **su**

Unbetonte (kurze) Form von **htjeti** *wollen*:

Singular	**Plural**
ja **ću**	mi **ćemo**
ti **ćeš**	vi **ćete**
on/ona/ono **će**	oni/one/ona **će**

Die unbetonte Form kann niemals am Satzanfang stehen!

Betonte (lange) Form von **biti**:

Singular	Plural
ja **jesam**	mi **jesmo**
ti **jesi**	vi **jeste**
on/ona/ono **je**	oni/one/ona **jesu**

Diese kann am Satzanfang stehen und wird verwendet, wenn etwas betont werden soll, oder mit dem Fragepartikel **li** bildet man Fragen, die mit ja oder nein beantwortet werden:

Jesi li iz Hrvatske? - **Jesam!** *Bist du aus Kroatien? - Ja, bin ich.*

Betonte (lange) Form von **htjeti**:

Singular	Plural
ja **hoću**	mi **hoćemo**
ti **hoćeš**	vi **hoćete**
on/ona/ono **hoće**	oni/one/ona **hoće**

Das Modalverb **moći** können:

Singular	Plural
ja **mogu**	mi **možemo**
ti **možeš**	vi **možete**
on/ona/ono **može**	oni/one/ona **mogu**

Verneinung

Die negative Form wird gebildet, indem **ne** vor das Verb gesetzt wird **ne volim** *ich liebe nicht*. **Ne** wird immer getrennt geschrieben, bis auf drei Verben: die Hilfsverben **biti** und **htjeti**:

nisam, nisi, nije, nismo, niste, nisu

neću, nećeš, neće, nećemo, nećete, neće

Auch das Verb **imati** wird in der negativen Form zusammengeschrieben:

nemam, nemaš, nema, nemamo, nemate, nemaju

§ 7.2 ASPEKT DER VERBEN

Im Kroatischen haben die meisten Verben zwei Aspekte: den perfektiven (vollendeten, abgeschlossenen) und den imperfektiven (unvollendeten, andauernden). Vollendete Verben beschreiben demnach Handlungen, die abgeschlossen sind. Unvollendete dagegen beschreiben Handlungen, die (noch) nicht abgeschlossen sind oder auch nicht zeitlich begrenzte, immer wiederkehrende Handlungen.

Beispiele perf. - imperf.: **kupiti - kupovati** *kaufen*
ući - ulaziti *eintreten, hineingehen*

Darko kupuje aute. *Darko kauft Autos.*

(Er kauft immer wieder Autos, regelmäßig.) **imperfektiv**

Darko je kupio novi auto. *Darko hat ein neues Auto gekauft.*

(Er hat einmal ein Auto gekauft, das Ergebnis ist der Kauf und damit ist der Vorgang abgeschlossen.) **perfektiv**

Perfektive Verben werden vorrangig im Perfekt verwendet, doch auch beim Imperativ und nach Modalverben:
Ja sam kupio auto. *Ich habe ein Auto gekauft.*
Kupi mi auto! *Kauf mir ein Auto!*
Moram kupiti novi auto. *Ich muss ein neues Auto kaufen.*

Mit dem Hinzufügen einer Vorsilbe an ein imperfektives Verb wird dieses perfektiv: **pisati - napisati** *schreiben - (auf)schreiben;* **čitati - pročitati** *lesen - (durch)lesen*

Imperfektive Verben werden in der Regel im Präsens verwendet.

 7.3 PERFEKT

Die Vergangenheitsform Perfekt wird mit dem **Partizip Perfekt** und dem Präsens des Hilfsverbs **biti** gebildet. Partizip Perfekt: Infinitivstamm + Endungen: Singular **-o** (m), **-la** (f), **-lo** (n) Plural **-li** (m), **-le** (f), **-la** (n). Anders als im Deutschen, unterscheiden sich die Endungen, je nach Geschlecht des Sprechers: ein Mann sagt: **bio sam**; eine Frau sagt: **bila sam** - *ich bin gewesen.*

Beispiel **biti**:
1. Person Singular: bio sam, bila sam
2. Person Singular: bio si, bila si
3. Person Singular: bio je, bila je, bilo je

1. Person Plural: bili smo, bile smo
2. Person Plural: bili ste, bile ste
3. Person Plural: bili su, bile su, bila su
Das Hilfsverb **biti** steht wie immer an 2. Stelle.

Ja sam bio / bila. – Bio sam / bila sam.

Bei gemischten Gruppen wird immer die männliche Form verwendet (**Marko i Ana su bili u kinu.** *Marko und Ana waren im Kino.*). Auch bei der Höflichkeitsform (2. Ps. Pl.): **Vi ste bili na poslu.** *Sie waren bei der Arbeit.*

§ 7.4 FUTUR I

Die Zukunftsform wird mit der unbetonten Form des Hilfsverbs **htjeti** *wollen*, siehe §7.1.2, und dem Infinitiv gebildet. Steht der Infinitiv vor dem Hilfsverb, entfällt das letzte **-i**:
voljet ću / ja ću voljeti *ich werde lieben*

Bei Verben, die im Infinitiv auf **-ći** enden, fällt das **-i** am Ende nie weg!

Singular	**Übersetzung**
ja **ću plivati / plivat ću**	*Ich werde schwimmen.*
ti **ćeš plivati / plivat ćeš**	*Du wirst schwimmen.*
on/ona/ono **će plivati / plivat će**	*Er/sie/es wird schwimmen.*
Plural	
mi **ćemo plivati / plivat ćemo**	*Wir werden schwimmen.*
vi **ćete plivati / plivat ćete**	*Ihr werdet schwimmen.*
oni/one/ona **će plivati / plivat će**	*Sie werden schwimmen.*

 7.5 KONDITIONAL I

Den Konditional I bildet man mit dem Partizip Perfekt + Aorist des Hilfsverbs **biti: bih, bi, bi, bismo, biste, bi**

Beispiel **imati:**
1. Person Singular: imao bih, imala bih, imalo bih
2. Person Singular: imao bi, imala bi, imalo bi
3. Person Singular: imao bi, imala bi, imalo bi
1. Person Plural: imali biste, imale biste, imala biste
2. Person Plural: imali biste, imale biste, imala biste
3. Person Plural: imali bi, imale bi, imala bi

§ 7.6 IMPERATIV

Die Befehlsform im Kroatischen wird je nach Präsensgruppe mit folgenden Endungen gebildet:

a) Präsensgruppe **-am:**
2. Person Singular: **-aj**
1. Person Plural: **-ajmo**
2. Person Plural: **-ajte**
gledam *ich schaue:* **gledaj! gledajmo! gledajte!**

b) Verben der Präsensgruppe **-im:**
2. Person Singular: **-i**
1. Person Plural: = Präsens
2. Person Plural: = Präsens
vidim *ich sehe:* **vidi! vidimo! vidite!**

c) Präsensgruppe **-em** hat dieselben Imperativendungen wie bei b)
2. Person Singular: **-i**
1. Person Plural: = Präsens
2. Person Plural: = Präsens

jedem *ich esse:* **jedi! jedimo! jedite!**

d) Präsensgruppe **-jem**:
2. Person Singular: **-j**
1. Person Plural: **-jmo**
2. Person Plural: **-jte**
čujem *ich höre:* **čuj! čujmo! čujte!**

Befehle für die **3. Person Singular und Plural** werden gebildet, indem **neka** vor das Verb im Präsens gesetzt wird:

3. Person Singular: **neka jede** *er/sie/es soll essen*
3. Person Plural: **neka jedu** *sie sollen essen*

§ 8 LAUTVERÄNDERUNGEN

Im Kroatischen gibt es viele Lautveränderungen, da es in der Entwicklung der Sprache durch die Historie zum Wegfall von Lauten, Veränderungen von diesen, aber auch zum Einschub neuer Laute bei bestimmten Lautkombinationen kam. Alle diese zu erläutern ist an dieser Stelle nicht möglich, aber die wichtigsten heute vorkommenden sollen hier erwähnt werden.

§ 8.1 DAS FLÜCHTIGE A

Es gibt Wörter, bei welchen in der letzten Silbe zwischen den letzten zwei Konsonanten ein **a** vorkommt, und da dieses in anderen Formen (Plural, andere Fälle) verschwindet, nennt man es **flüchtiges oder bewegliches a.**

Leider gibt es auch innerhalb der Regel Ausnahmen, aber zur Veranschaulichung hier einige Beispiele:

Nom. Sg.	Nom. Pl.	Gen. Sg.	Gen. Pl.
karta (f)	karte	karte	kar**a**ta
sestra (f)	sestre	sestre	sest**a**ra
momak (m)	momci	momka	mom**a**ka

Auch bei Adjektiven gibt es Beispiele:

unbestimmt	bestimmt
dob**a**r	dobri
mrt**a**v	mrtvi
krat**a**k	kratki
sit**a**n	sitni
top**a**o	topli

§ 8.2 SIBILARIZACIJA

Manche Wörter, bei denen **k**, **g** und **h** vor i stehen, verändern sich in **c**, **z** und **s**.

k		c
g	vor i →	z
h		s

Beispiele: maj**k**a - maj**ci**
ban**k**a - ban**ci**
prilo**g** - prilo**zi**
ora**h** - ora**si**

Wie hier zu sehen ist, kommt diese Lautveränderung meist bei maskulin Plural, aber auch Lokativ Singular vor.

§ 8.3 JOTIERUNG

Diese Lautveränderung entsteht, indem ein Laut und ein j zu einem anderen Laut verschmelzen: c+j = č; d+j = đ; g+j = ž; h+j = š; usw. Diese Lautveränderung begegnet uns häufig bei der Steigerung von Adjektiven.

Beispiele:

blag - bla**ži** (blag+ji)
jak - ja**či** (jak+ji)
mlad - mla**đi** (mlad+ji)
brz - br**ži** (brz+ji)
tih - ti**ši** (tih+ji)

1 BEGRÜSSUNG UND ABSCHIED

Doviđenja!	*Auf Wiedersehen!*
iz	*aus*
Do skorog viđenja!	*Bis bald!*
Do sutra!	*Bis morgen!*
hvala	*danke*
Njemačka	*Deutschland*
ti	*du*
Engleska	*England*
engleski	*Englisch*
on	*er*
ono	*es*
Francuska	*Frankreich*
gospođa	*Frau (Anrede), Dame*
dobro	*gut*
Laku noć!	*Gute Nacht!*
Dobra večer!	*Guten Abend!*
Dobro jutro!	*Guten Morgen!*
Dobar dan!	*Guten Tag!*
Bok (Bog)	*Hallo/Tschüss*
glavni grad	*Hauptstadt*
ja	*ich*
biti	*sein*
rastavljen	*geschieden*
udana	*verheiratet (Frau)*
oženjen	*verheiratet (Mann)*
vi/Vi	*ihr/Sie*
Hrvatska	*Kroatien*
ne	*nein*
Austrija	*Österreich*
spavati	*schlafen*
Drago mi je.	*Sehr erfreut.*
ona	*sie*
a	*und*
tko	*wer*
Kako ste?	*Wie geht es Ihnen?*
mi	*wir*
Vidimo se!	*Wir sehen uns!*
gdje	*wo*
živjeti	*leben*
Hrvat/Hrvatica	*Kroate/Kroatin*
zvati se	*heißen*
prezivati se	*mit Nachnamen heißen*
imati	*haben*
dijete	*Kind*
jedan	*ein*
dva	*zwei*
govoriti	*sprechen*
odakle	*woher*
njemački	*Deutsch*
hrvatski	*Kroatisch*

2 ÜBER SICH SPRECHEN

ujna *angeheiratete Tante mütterlicherseits*
strina *angeheiratete Tante väterlicherseits*
auto(mobil) *Auto*
brat *Bruder*
autobus *Bus*
bratić *Cousin*
sestrična *Cousine*
supruga *Ehefrau*
suprug *Ehemann*
unuk *Enkel*
unuka *Enkelin*
Oprostite! *Entschuldigen Sie!*
Žao mi je! *Es tut mir leid!*
zrakoplov *Flugzeug*
prijatelj *Freund*
prijateljica *Freundin*
kuća *Haus*
nebo *Himmel*
Ne znam. *Ich weiß nicht.*
Ne razumijem. *Ich verstehe nicht.*
majka *Mutter*
nećak *Neffe*
nećakinja *Nichte*
baka *Oma*
ujak *Onkel mütterlicherseits*
stric *Onkel väterlicherseits*
djed *Großvater*
šogor *Schwager*
šogorica *Schwägerin*
sestra *Schwester*
sin *Sohn*
sunce *Sonne*
teta *Tante (blutsverwandt)*
stol *Tisch*
kći *Tochter*
dvorana *Turnhalle*
otac *Vater*
Što je to? *Was ist das?*
Tko je to? *Wer ist das?*
vino *Wein*
Molim? *Wie bitte?*
zgrada *Wohnhaus, Gebäude*
moj *mein*

3 AUSSEHEN UND BESCHREIBUNGEN

brada *Bart*
popularan *berühmt, beliebt*
plav *blau/blond*
smeđ *braun*
naočale *Brille*
ovaj *dieser*
ozbiljan *ernst*

manekenka	*Fotomodel*
žena	*Frau*
veseo	*fröhlich*
visok	*groß (hoch)*
dobar	*gut*
kosa	*Haar*
hlače	*Hose*
pas	*Hund*
pametan	*intelligent*
zanimljiv	*interessant*
mlad	*jung*
odjeća	*Kleidung*
mali	*klein*
dug	*lang*
dosadan	*langweilig*
muškarac	*Mann*
čovjek	*Mensch, Mann*
moderan	*modern*
nov	*neu*
nizak	*niedrig*
uredan	*ordentlich*
crven	*rot*
pjevač	*Sänger*
čist	*sauber*
jak	*stark*
simpatičan	*sympathisch*
žalostan	*traurig*
vrata	*Tür*
bijel	*weiß*
crn	*schwarz*
sijed	*grau (Haare)*
novine	*Zeitung*
kratak	*kurz*
stan	*Wohnung*

4 URLAUBSGRÜSSE SENDEN

tvoj	*dein*
odlično	*ausgezeichnet*
ovdje/tu	*hier*
grad	*Stadt*
Ja znam to.	*Ich weiß das.*
Italija	*Italien*
sada	*jetzt*
lijep	*schön*
Lijep pozdrav!	*Schönen Gruß!*
vrlo	*sehr*
odmor	*Urlaub*
Puno pozdrava!	*Viele Grüße!*
more	*Meer*
kada	*wann*
toplo	*warm*
što	*was*
koji	*welcher*
kako	*wie*
znati	*wissen, können (Fähigkeit)*
voziti	*fahren*

5 LEBENSMITTEL EINKAUFEN

jabuka	*Apfel*
pekarnica	*Bäckerei*
banana	*Banane*
izvolite	*bitte sehr*
kruh	*Brot*
maslac	*Butter*
jaje	*Ei*
meso	*Fleisch*
povrće	*Gemüse*
pola	*halb*
kava	*Kaffee*
sir	*Käse*
koštati	*kosten*
mušterija	*Kundschaft*
limunada	*Limonade*
brašno	*Mehl*
mesnica	*Metzgerei*
mlijeko	*Milch*
Još nešto?	*Noch etwas?*
voće	*Obst*
sok	*Saft*
čokolada	*Schokolade*
komad	*Stück*
supermarket	*Supermarkt*
slatkiš	*Süßigkeit*
željeti	*wünschen*
prodavačica	*Verkäuferin*
Koliko to košta?	*Wie viel kostet das?*
kobasica	*Wurst*
šećer	*Zucker*

6 ESSEN BESTELLEN

marelica	*Aprikose*
pivo	*Bier*
kruška	*Birne*
pašticada	*dalmatinischer Rinder-schmorbraten*
štrukle	*Topfenstrudel aus Zagorje*
jagoda	*Erdbeere*
smokva	*Feige*
boca	*Flasche*
vilica	*Gabel*
pršut	*luftgetrockneter Schinken*
kulen	*Wurstspezialität aus Slawonien*
peka	*Grillglocke, Backhaube*
ćevapčići	*Hackfleischröllchen*
bez	*ohne*
s/sa	*mit*
malina	*Himbeere*
(Ne) volim jesti/piti ...	*Ich esse/trinke (nicht) gerne ...*
Želim ...	*Ich wünsche/ möchte ...*
mrkva	*Karotten*

Paški sir	*Schafskäse von der Insel Pag*
trešnja	*Kirsche*
sarma	*Sauerkrautwickel*
žlica	*Löffel*
nož	*Messer*
naranča	*Orange*
breskva	*Pfirsich*
riža	*Reis*
juha	*Suppe*
tanjur	*Teller*
rajčica	*Tomate*
tartuf	*Trüffel*
voda	*Wasser*
čaj	*Tee*
limun	*Zitrone*
palačinka	*Pfannkuchen*
sendvič	*Sandwich*
šunka	*Schinken*

7 IM RESTAURANT

večera	*Abendessen*
To je sve!	*Das ist alles!*
čašu vode	*ein Glas Wasser*
jesti	*essen*
doručak	*Frühstück*
gost	*Gast*
čaša	*Glas*
Dobar tek!	*Guten Appetit!*
pljeskavica	*Hacksteak*
gospodin	*Herr*
Ispričavam se.	*Ich entschuldige mich.*
bife/buffet	*Imbiss*
krumpir	*Kartoffel*
konobar	*Kellner*
konoba	*kleines typisches Restaurant*
popiti	*leertrinken*
blitva	*Mangold*
ručak	*Mittagessen*
još	*noch*
nešto	*etwas*
Samo trenutak.	*Nur einen Augenblick.*
porcija	*Portion*
Živjeli!	*Prost!*
restaurant/ restoran	*Restaurant*
crno vino	*Rotwein*
bevanda	*Rotwein mit Wasser*
U redu.	*Stimmt so./ In Ordnung.*
piti	*trinken*
i	*und*
Što želite popiti?	*Was möchten Sie trinken?*
bijelo vino	*Weißwein*
gemišt	*Weißwein mit Mineralwasser*
hladan	*kalt*

8 DAS WETTER

Jadran	*Adria*
sve	*alles*
bura	*Bora (Wind)*
šaren	*bunt*
sijati	*scheinen*
sunčano	*sonnig*
vjetrovito	*windig*
kišovito	*regnerisch*
padati	*fallen*
Pada kiša.	*Es regnet.*
Pada snijeg./ Sniježi.	*Es fällt Schnee./ Es schneit.*
prozor	*Fenster*
proljeće	*Frühling*
ići	*gehen*
trava	*Gras*
jesen	*Herbst*
unutrašnjost	*Landesinnere*
moguće	*möglich*
mokar	*nass*
uzeti	*nehmen*
sjever	*Norden*
naoblaka	*Bewölkung*
lagan	*leicht*
istok	*Osten*
temperatura	*Temperatur*
stupanj	*Grad*
prognoza	*Prognose*
kišobran	*Regenschirm*
samo	*nur*
umjeren	*mäßig*
slab	*schwach*
kraj	*Region*
gledati	*schauen*
obuti	*Schuhe anziehen*
ljeto	*Sommer*
šetnja	*Spaziergang*
čizma	*Stiefel*
jug	*Süden*
jugo	*Südwind*
čekati	*warten*
puhati	*wehen, blasen*
zapad	*Westen*
vrijeme	*Wetter/Zeit*
Kakvo je vrijeme?	*Wie ist das Wetter?*
vjetar	*Wind*
zima	*Winter*
htjeti	*wollen*

9 LANDSCHAFT UND NATUR

12 mjeseci u godini	*zwölf Monate im Jahr*
4 godišnja doba	*vier Jahreszeiten*
ribolov	*Angeln*
travanj	*April*
na	*auf*
kolovoz	*August*

izlet	*Ausflug*
kupanje	*Baden*
poznat	*bekannt*
dobiti	*bekommen*
planinarenje	*Bergsteigen*
sastojati se	*bestehen aus*
botanički vrt	*botanischer Garten*
prosinac	*Dezember*
veljača	*Februar*
vrt	*Garten*
u	*in/nach*
otok	*Insel*
siječanj	*Januar*
srpanj	*Juli*
lipanj	*Juni*
moći	*können*
zemlja	*Land*
ris	*Luchs*
svibanj	*Mai*
ožujak	*März*
studeni	*November*
listopad	*Oktober*
park	*Park*
putovati	*reisen*
brod	*Schiff*
vidjeti	*sehen*
rujan	*September*
brojan	*zahlreich*
skijanje	*Skifahren*
toplice	*Thermalbad*
oko	*um (ca.)*
odmor	*Urlaub, Erholung*
šuma	*Wald*
slap	*Wasserfall*
kamo	*wohin*
letjeti	*fliegen*
zrak	*Luft*
avion	*Flugzeug*
ploviti	*fahren (auf Wasser)*
subotom	*samstags*
utorkom	*dienstags*
šetati	*spazieren gehen*

10 IN DER STADT

Do poslije!	*Bis später!*
ponovo	*erneut*
pomoći	*helfen*
jakna	*Jacke*
Možete li mi pomoći?	*Können Sie mir helfen?*
nažalost	*leider*
mi	*mir*
ujutro	*morgens*
otvarati	*öffnen*
zatvarati	*schließen*
tražiti	*suchen*
sat	*Uhr/Stunde*
koliko	*wie viel*
Koliko je sati?	*Wie viel Uhr ist es?*

prema	*in Richtung*
po	*durch*
o	*über/von*
katedrala	*Kathedrale*

11 WEGBESCHREIBUNGEN

kolodvor	*Bahnhof*
knjižnica	*Bibliothek*
skrenuti	*abbiegen*
tamo	*dort*
do	*bis*
kraj	*Ende*
daleko	*weit*
nastaviti	*fortfahren, weiter gehen*
ravno	*geradeaus*
iza	*hinter*
zajedno	*gemeinsam*
Može!	*Kein Problem!*
plan grada	*Stadtplan*
lijevo	*links*
lijevo/desno od	*links/rechts von*
kiosk	*Kiosk*
blizu	*nahe*
pored	*neben*
Nema na čemu!	*Nichts zu danken!*
gore	*oben*
pošta	*Post*
trg	*Platz*
zatim	*danach*
muzej	*Museum*
bolnica	*Krankenhaus*
desno	*rechts*
reći	*sagen*
ulica	*Straße*
kazalište	*Theater*
preko	*über*
kupiti	*kaufen*
nalaziti se	*sich befinden*
tramvaj	*Straßenbahn*
dolje	*unten*
puno	*viel*
ispred	*vor*

12 REISE UND VERKEHR

upaliti	*anmachen*
izlazak	*Ausfahrt*
autocesta	*Autobahn*
akumulator	*Batterie*
otežan	*erschwert*
trajekt	*Fähre*
bicikl	*Fahrrad*
vozilo	*Fahrzeug*
teći	*fließen*
polaziti	*losgehen, -fahren*
gužva	*Gedränge*
čvor	*Knoten*
prazan	*leer*

stvarati	*erschaffen*
kod	*bei*
naplatna postaja	*Mautstelle*
pozvati	*rufen*
blizina	*Nähe*
motor	*Motorrad*
kolona	*Kolonne*
tunel	*Tunnel*
u kvaru	*defekt*
zabilježiti	*vermerken*
hitna služba	*Krankenwagen*
gorivo	*Benzin*
ulje	*Öl*
guma	*Reifen*
smjer	*Richtung*
dionica	*Streckenabschnitt*
nesreća	*Unfall*
promet	*Verkehr*
usporen	*verlangsamt*
gubiti	*verlieren*
pojačan	*verstärkt*
zbog	*wegen*
mehaničar	*Mechaniker*
Kako Vam mogu pomoći?	*Wie kann ich Ihnen helfen?*
vlak	*Zug*
između	*zwischen*

13 EINE UNTERKUNFT SUCHEN

Odlično, hvala Vam.	*Ausgezeichnet, vielen Dank.*
dvokrevetna soba	*Doppelzimmer*
potvrditi rezervaciju	*eine Reservierung bestätigen*
Srdačan pozdrav!	*Herzliche Grüße!*
magistrala	*Küstenstraße*
kreditna kartica	*Kreditkarte*
pogled na more	*Meerblick*
po osobi	*pro Person*
po danu	*pro Tag*
Poštovani!	*Sehr geehrte Damen und Herren, ...*
blizu plaže	*strandnah*
plaža	*Strand*
Rezervacija smještaja	*Unterkunft reservieren*
tjedan dana	*eine Woche*
puni pansion	*Vollpension*
osoba	*Person*
putem	*per*
nakon	*nach*
platiti	*bezahlen*
telefon	*Telefon*
ostati	*bleiben*

cijena	*Preis*
potvrda	*Bestätigung*
tuš	*Dusche*
balkon	*Balkon*
terasa	*Terrasse*
dvosoban apartman	*Zwei-Zimmer-Appartment*
rezervirati	*reservieren*
jednosoban	*Ein-Zimmer-...*
odrasla osoba	*erwachsene Person*
dakle	*also*
radije	*lieber*
pomoćni krevet	*Zustellbett*
kada	*Badewanne*
Koliko košta ...?	*Wie viel kostet ...?*
soba	*Zimmer*

14 URLAUB MACHEN

vožnja brodom	*Bootsfahrt*
vožnja	*Fahrt*
Sretan put!	*Gute Reise!*
ljetovanje	*Sommerulaub*
plivati	*schwimmen*
jedriti	*segeln*
sunčati se	*sich sonnen*
surfati	*surfen*
roniti	*tauchen*
igrati tenis	*Tennis spielen*
kupati se	*baden*
teren za tenis	*Tennisplatz*
nuditi	*(an)bieten*
svak	*jeder*
uključen	*inklusive*
korištenje	*Nutzung*
ponuda	*Angebot*
centar	*Zentrum*
bazen	*Schwimmbad/ Swimmingpool*
glazba	*Musik*
planinariti	*bergsteigen*
odmarati se	*sich ausruhen*
unajmiti	*ausleihen*
ležaljka	*Liege*
preporučiti	*empfehlen*
promijeniti	*wechseln*
novac	*Geld*
primati	*annehmen*
metar	*Meter*
Kako je bilo?	*Wie war's?*
Gdje mogu naći ...?	*Wo finde ich ...?*
naći	*finden*

15 FESTE FEIERN

osmi, osma, osmo	*achte(r, s)*
Sretan ti rođendan!	*Alles Gute zum Geburtstag!*
Sretan ti imendan!	*Alles Gute zum Namenstag!*

u utorak	*am Dienstag*
u srijedu	*am Mittwoch*
pogreb	*Beerdigung*
utorak	*Dienstag*
četvrtak	*Donnerstag*
treći, treća, treće	*dritte(r, s)*
Otvorenje	*Eröffnung*
prvi, prva, prvo	*erste(r, s)*
petak	*Freitag*
petkom	*freitags*
Sretan Uskrs!	*Frohe Ostern!*
Sretan Božić!	*Frohe Weihnachten!*
Sretna Nova godina!	*Frohes Neues Jahr!*
peti, peta, peto	*fünfte(r, s)*
rođenje	*Geburt*
rođendan	*Geburtstag*
Danas je ...	*Heute ist ...*
svadba	*Hochzeit*
stoti, stota, stoto	*hundertste(r, s)*
Velika Gospa	*Maria Himmelfahrt*
srijeda	*Mittwoch*
ponedjeljak	*Montag*
imendan	*Namenstag*
deveti, deveta, deveto	*neunte(r, s)*
Uskrs	*Ostern*
subota	*Samstag*
šesti, šesta, šesto	*sechste(r, s)*
sedmi, sedma, sedmo	*siebte(r, s)*
nedjelja	*Sonntag*
krštenje	*Taufe*
tisućiti, tisućita, tisućito	*tausendste(r, s)*
zaruke	*Verlobung*
četvrti, četvrta, četvrto	*vierte(r, s)*
Božić	*Weihnachten*
Koji je danas datum?	*Welches Datum ist heute?*
deseti, deseta, deseto	*zehnte(r, s)*
drugi, druga, drugo	*zweite(r, s)*

16 FREIZEITAKTIVITÄTEN

nego	*als*
košarka	*Basketball*
plesanje	*Tanzen*
tanak	*dünn*
svirati instrument	*ein Instrument spielen*
sviranje instrumenta	*spielen (Instrument)*
fitnes u teretani	*Fitness im Fitnesscenter*
nogomet	*Fußball*
obožavati	*lieben/begehren*

ići na kavu	*Kaffee trinken gehen*
rukomet	*Handball*
uživati	*genießen*
voljeti	*lieben/mögen*
kuhati	*kochen*
Može.	*In Ordnung.*
Ajmo!	*Los geht's/lass uns gehen!*
zanimati	*interessieren*
odbojka	*Volleyball*
kuglanje	*Kegeln*
kino	*Kino*
lak	*leicht*
loš	*schlecht*
brz	*schnell*
klavir	*Klavier*
plesati	*tanzen*
šoping (ugs.)	*Shoppen (Einkaufen)*
ideja	*Idee*
važan	*wichtig*
potrebno	*nötig*
nogometaš	*Fußballer*

17 TIERE UND PFLANZEN

majmum	*Affe*
kao	*wie*
mrav	*Ameise*
privržen	*anhänglich*
krizantema	*Chrysantheme*
debeo	*dick*
glup kao guska	*dumm wie eine Gans*
glup	*dumm*
bršljan	*Efeu*
slon	*Elefant*
magarac	*Esel*
sova	*Eule*
riba	*Fisch*
marljiv	*fleißig*
jorgovan	*Flieder*
lisica	*Fuchs*
guska	*Gans*
opasan	*gefährlich*
poslušan	*gehorsam*
točkast	*gepunktet*
žirafa	*Giraffe*
velik	*groß*
zec	*Hase*
visok	*hoch*
mačka	*Katze*
rak	*Krebs*
krava	*Kuh*
spor	*langsam*
zoološki vrt	*Zoo*
spor kao puž	*langsam wie eine Schnecke*
veseliti se	*sich freuen*
glasan	*laut*

lavanda	*Lavendel*
raditi	*arbeiten, tun*
stvarno	*wirklich*
ljiljan	*Lilie*
lukav kao lisica	*listig wie ein Fuchs*
lukav	*listig*
lav	*Löwe*
đurđica	*Maiglöckchen*
ivančica	*Margerite*
miš	*Maus*
hrabar kao lav	*mutig wie ein Löwe*
hrabar	*mutig*
nosorog	*Nashorn*
mokar kao miš	*nass wie eine Maus*
peršin	*Petersilie*
konj	*Pferd*
biljka	*Pflanze*
ružičast	*rosa*
ruža	*Rose*
crven kao rak	*rot wie ein Krebs*
miran	*ruhig*
kadulja	*Salbei*
prljav	*schmutzig*
prljav kao svinja	*schmutzig wie ein Schwein*
puž	*Schnecke*
brz	*schnell*
svinja	*Schwein*
snažan	*stark*
jak kao bik	*stark wie ein Stier*
bik	*Stier*
tvrdoglav kao magarac	*stur wie ein Esel*
tvrdoglav	*stur/dickköpfig*
životinja	*Tier*
vjeran	*treu*
tulipan	*Tulpe*
ptica	*Vogel*
mekan	*weich*
vrba	*Weide*
sitan	*winzig*
sitan kao mrav	*winzig wie eine Ameise*
vuk	*Wolf*
crv	*Wurm*
nježan	*zärtlich*
čempres	*Zypresse*

18 KULTUR UND UNTERHALTUNG

izložba	*Ausstellung*
vaš, vaša, vaše/ Vaš, Vaša, Vaše	*euer(e, es)/Ihr(e, es)*
njezin, njezina, njezino	*ihr(e, es) (Sing.)*
njihov, njihova, njihovo	*ihr(e, es) (Pl.)*
koncert	*Konzert*
licitarsko srce	*Lebkuchenherz*
Vučedolska golubica	*Die Taube von Vučedol*

podne	*Mittag*
ponoć	*Mitternacht*
popodne	*nachmittags*
po noći	*nachts*
opera	*Oper*
Paška čipka	*Pager Spitze*
Sinjska alka	*Reiterspiel von Sinj*
počinjati	*beginnen*
smjeti	*dürfen*
slika	*Bild*
kipar	*Bildhauer*
tradicijski	*traditionell*
četvrt	*Viertel*
tričetvrt	*Dreiviertel*
tamburica	*kroatisches Musikinstrument*
zabava	*Feier*
glazbalo	*Musikinstrument*
naravno	*natürlich*
pitati	*fragen*
njegov, njegova, njegovo	*sein(e, es)*
naš, naša, naše	*unser(e, es)*
predstava	*Vorstellung*

19 KLEIDUNG

žut	*gelb*
siv	*grau*
zelen	*grün*
rukavica	*Handschuhe*
papuča	*Hausschuh*
košulja	*Hemd*
haljina	*Kleid*
ljubičast	*lila*
kaput	*Mantel*
kapa	*Mütze*
džemper	*Pullover*
pidžama	*Pyjama*
suknja	*Rock*
sandala	*Sandale*
cipela	*Schuh*
majica	*Shirt*
oblačiti se	*sich anziehen*
obuvati se	*sich die Schuhe anziehen*
čarapa	*Socke*
djevojka	*Mädchen*
dječak	*Junge*
sviđati se	*gefallen*
pokazati	*zeigen*
probati	*probieren*
drugi	*anderer*
šešir	*Hut*
boja	*Farbe*
tenisica	*Turnschuh*

20 WOHNEN

radna soba	*Arbeitszimmer*
kupaonica	*Badezimmer*
uskoro	*bald*

blagovaonica	*Esszimmer*
godina	*Jahr*
podrum	*Keller*
dječja soba	*Kinderzimmer*
Uđi unutra!	*Komm herein!*
kuhinja	*Küche*
dugo	*lange Zeit*
morati	*müssen*
spavaća soba	*Schlafzimmer*
žuriti se	*sich beeilen*
razgovarati	*sich unterhalten*
preseliti se	*umziehen*
prije	*vor*
štednjak	*Herd*
perilica rublja	*Waschmaschine*
televizor	*Fernseher*
Vidimo se uskoro!	*Wir sehen uns bald!*
posjetiti	*besuchen*
stanovati	*wohnen*
krevet	*Bett*
hladnjak	*Kühlschrank*
dnevna soba	*Wohnzimmer*
ući/ulaziti	*eintreten*
doći/dolaziti	*kommen*
donijeti/ donositi	*bringen*
platiti/plaćati	*bezahlen*
naslonjač	*Sessel*
kiša	*Regen*
oblak	*Wolke*
umivaonik	*Waschbecken*
stroj za pranje posuđa	*Spülmaschine*
kupiti/ kupovati	*(ein)kaufen*
račun	*Rechnung*

21 ARBEIT UND BERUF

arhitektica	*Architektin*
liječnik	*Arzt*
pismo	*Brief*
zanimanje	*Beruf*
liječiti	*heilen/behandeln*
bolestan	*krank*
liječnica	*Ärztin*
ljudi	*Menschen*
književnica	*Autorin*
pekar	*Bäcker*
poštar	*Briefträger*
poštarica	*Briefträgerin*
popravljati	*reparieren*
pričati	*sprechen, erzählen*
kemičarka	*Chemikerin*
vozačica	*Fahrerin*
frizer	*Friseur*
frizerka	*Friseurin*
novinarka	*Journalistin*
topnik	*Kanonier*
pjevati	*singen*

pjesma	*Lied*
konobarica	*Kellnerin*
kuhar	*Koch*
kuharica	*Köchin*
trgovina	*Kaufladen*
učiteljica	*Lehrerin*
stići	*erreichen, zeitl. hinbekommen*
sjećati se	*sich erinnern*
šišati	*Haare schneiden*
glumiti	*schauspielern*
zidar	*Maurer*
jezero	*See*
film	*Film*
automehaničar	*Automechaniker*
mehaničarka	*Mechanikerin*
šivačica	*Näherin*
policajka	*Polizistin*
psihologinja	*Psychologin*
pravnica	*Rechtswissen-schaftlerin*
sutkinja	*Richterin*
pjevačica	*Sängerin*
glumac	*Schauspieler*
glumica	*Schauspielerin*
sportašica	*Sportlerin*
škola	*Schule*
država	*Land*
plesačica	*Tänzerin*
tehničarka	*Technikerin*
prodavač	*Verkäufer*
uređivati	*zurechtmachen, pflegen*
ljekarna	*Apotheke*
zubar	*Zahnarzt*
zub	*Zahn*
sobarica	*Zimmermädchen*

22 MEDIEN UND BEWERBUNG

24 sata	*"24 Stunden" (kroat. Zeitung)*
Večernji list	*"Abendblatt"*
zahtjev	*Anforderung*
poslodavac	*Arbeitgeber*
posao/radno mjesto	*Arbeitstelle*
molba	*Bewerbung*
iskustvo	*Erfahrung*
otvorena molba	*Initiativbewerbung*
Mali Oglasnik	*Kleinanzeigen*
komedija	*Komödie*
Hrvatska radio-televizija - HRT	*Kroatische Rundfunkanstalt*
Nova TV	*Kroatischer Fernsehsender*
kultura	*Kultur*
životopis	*Lebenslauf*
Jutarnji list	*Morgenblatt*
vijest	*Nachricht*

reportaža	*Reportage*
Ljepota i zdravlje	*Schönheit und Gesundheit*
Crna kronika	*Schwarze Chronik*
smršaviti	*abnehmen*
dijeta	*Diät*
serija	*Serie*
sport	*Sport*
čitati	*lesen*
priključiti se	*sich anschließen*
dogoditi se	*geschehen*
pisati	*schreiben*
rabljen	*gebraucht*
tim	*Team*
biti zahvalan	*dankbar sein*
ukoliko	*wenn, sofern*
razmotriti	*erörtern, erwägen*
raspored	*Ablauf*
nesreća	*Unglück/Unfall*
tvrtka	*Firma*
natječaj	*Wettbewerb, (Stellen-) Ausschreibung*
predstaviti	*vorstellen*
svijet	*Welt*
crtić (crtani film)	*Zeichentrickfilm*
svjedodžba	*Zeugnis*

23 BEHÖRDEN UND ZUKUNFTSPLÄNE

osobna iskaznica	*Personalausweis*
novčanik	*Geldbeutel*
ukrasti	*stehlen*
jednostavno	*einfach*
broj	*Zahl, Nummer*
ključ	*Schlüssel*
adresa	*Adresse*
javiti se	*sich melden*
desiti se	*geschehen*
izgledati	*aussehen*
tjedan	*Woche*
gotov	*fertig*
sljedeći	*nächster*
kožni	*ledern*
punoljetan	*volljährig*
matematika	*Mathematik*
upisati se	*sich einschreiben*
ekonomska škola	*Wirtschaftsschule*
viša škola	*Hochschule*
diplomirati	*diplomieren*
pravnik	*Rechtswissenschaftler*
semestar	*Semester*
vozačka dozvola	*Führerschein*
torba	*Tasche*
učiti	*lernen*

matura	*Abitur*
fakultet/ Sveučilište	*Fakultät/ Universität*
putovnica	*Reisepass*

24 DER KÖRPER

oko	*Auge*
od krvi i mesa	*aus Fleisch und Blut*
iz dubine duše	*aus tiefster Seele*
trbuh	*Bauch*
bubreg	*Niere*
loj	*Talg*
prsa	*Brust*
palac	*Daumen*
imati knedlu u grlu	*einen Kloß im Hals haben*
da ti mozak stane	*unfassbar, unglaublich*
lakat	*Ellenbogen*
šaka	*Faust*
peta	*Ferse*
prst	*Finger*
noga	*Fuß/Bein*
grlo	*Hals*
ruka	*Hand (der Arm)*
čuti	*hören*
brada	*Kinn*
koljeno	*Knie*
glava	*Kopf*
dati zadnju kap krvi	*mit letzter Kraft*
usta	*Mund*
jezik	*Zunge/Sprache*
vrat	*Nacken*
nokat	*Nagel*
povući nekoga za jezik	*zum Reden bringen*
nemati dlake na jeziku	*frei heraus reden*
nos	*Nase*
ideš mi na jetra	*auf die Nerven gehen*
sama kost i koža	*nur Haut und Knochen*
tijelo	*Körper*
zgrčen	*verkrampft*
gips	*Gips*
uho	*Ohr*
prednji dio	*vorderer Teil*
mišićav	*muskulös*
mirisati	*riechen*
leđa	*Rücken*
okusiti	*schmecken*
rame	*Schulter*
čelo	*Stirn*
pipati	*tasten*
grudi	*weibl. Brust*

25 GESUNDHEIT UND GEFÜHL

ležati na trosjedu	*auf dem Dreisitzer-Sofa liegen*
okulist	*Augenarzt*

kirurg	*Chirurg*
jesti jednom na dan	*einmal am Tag essen*
gledati televiziju	*fernsehen*
slomiti	*brechen*
sreća	*Glück*
slomljen	*gebrochen*
ginekolog	*Gynäkologe*
otorinolaringolog	*Hals-Nasen-Ohren-Arzt*
glavobolja	*Kopfweh*
vrtoglavica	*Schwindel*
vježbati	*üben*
mržnja	*Hass*
Imam vrtoglavicu.	*Mir ist schwindelig.*
kardiolog	*Kardiologe*
pedijatar	*Kinderarzt*
bijes	*Wut*
štaka	*Krücke*
često	*häufig*
ljubav	*Liebe*
tekućina	*Flüssigkeit*
proljev	*Durchfall*
alergičan	*allergisch*
dvopek	*Zwieback*
protiv	*gegen*
mirovati	*ruhen*
dermatolog	*Dermatologe*
držati	*halten*
Boli me grlo.	*Mein Hals tut weh.*
Loše mi je.	*Mir ist schlecht.*
neurolog	*Neurologe*
ne jesti	*nicht essen*
ortoped	*Orthopäde*
flaster	*Pflaster*
očuvati	*bewahren*
psihijatar	*Psychiater*
psiholog	*Psychologe*
jesti redovito	*regelmäßig essen*
hamburger	*Hamburger*
povez	*Schlinge*
čega?	*vor was?*
staviti	*(an)legen*
porezati se	*sich schneiden*
kretati se	*sich bewegen*
žalost	*Trauer*
urolog	*Urologe*
zavoj	*Verband*
opeći se	*sich verbrennen*
ozlijediti se	*sich verletzen*
strah	*Angst*

Bildnachweis

Adobe Stock, Dublin: 27.2 (-Marcus-); **27.3** (AlenKadr); **30.3** (Bozena Fulawka); **40.2** (gpointstudio); **75.2** (twingomaniak); **88.2** (indiraswork); **88.3** (Alexander Image);

Fotolia, New York: 26.7 (SolisImages); **27.4**, **27.6** (ExQuisine); **40.1** (Bisams); **41.2** (igor); **41.4** (Netzer Johannes); **50** (Lars Koch); **60.1** (Alaska-Tom); **60.2** (Michalis Palis); **61.2** (ra2 studio); **74** (Daniel Thornberg); **75.3** (James Thew); **75.4** Geburtstagstorte mit Kerzen (Africa Studio); **117.1** (RioPatuca Images);

Getty Images, München: U1 (Miki1988); **U1** (Valerii Evlakhov); **U1** (elxeneize); **U1** (gsermek); **U1** (susib); **U1** (zoom-zoom); **8** (shapecharge); **26.2** (clubfoto); **30.2** (Burazin);

iStockphoto, Calgary, Alberta: 30.1 (angelo gilardelli);

Shutterstock, New York: U1 (ABCity3D); **U1** (Vadim Georgiev); **U1** (gresei); **9** (Leremy); **11.2;** 19.4 auch Seite 17.4 (kurhan); **11.3;** 19.5 auch Seite 17.5 (Ollyy); **11.1**, **123** (racorn); **11.4** (Sheftsoff Women Girls); **14.1** auch Seite 53.8 (zentilia); **14.2**, **35.3** (Pixel Embargo); **14.3;** 42.2 (djgis); **19.1** (Markus Gann); **19.2** (Dima Sobko); **19.3** (vgstudio); **19.6** (Eugene Partyzan); **21** (Subbotina Anna); **23** (Simone Simone); **25** (Ikonoklast Fotografie); **26.4** (valeriy555); **26.5** (Africa Studio); **26.6;** 30.6 (Mr3d); **26.6** (monticello); **27.1;** 30.5 (YKTR); **27.5** (Mariyana M); **30.4**, **62.1** (Anton_Ivanov); **32.1** (Visionsi); **32.2** (Dejan Stanic Micko); **32.3** (lero); **32.4** (Natalia Bratslavsky); **33.1** (Ramanchyk Ruslan); **33.2**, **33.5** (Maks Narodenko); **33.3** (Diana Taliun); **33.4** (M. Unal Ozmen); **35.1** (Andrey Arkusha); **35.2** (Zerbor); **35.4** (ILYA AKINSHIN); **39** (Dmytro Zinkevych); **40.3** (ShadeDesign); **41.1** (VICUSCHKA); **41.3**, **45.3;** 49.4 auch Seite 43.4 (logoboom); **42.1** (Dmitry Naumov); **42.3** (Arve Bettum); **42.4**, **88.1** (Lisa S.); **45.2;** 49.3 auch Seite 43.3 (Sandra Cunningham); **45.1;** 49.2 auch Seite 43.2 (Juergen Faelchle); **45.4;** 49.1 auch Seite 43.1 (Jenny Sturm); **47** (Kanuman); **48.1** (Rawpixel); **48.2**, **48.8** (Dudarev Mikhail); **48.3** (Josef Hanus); **48.4** (JaroPienza); **48.5** (Slawomir Kruz); **48.6**, **91.5** (bikeriderlondon); **48.7** (IM_photo); **51.1** (Jojje); **51.2** (Giraphics); **53.1**, **53.2**, **53.3**, **53.4** (Korvit); **54.1** (TTstudio); **54.5;** 56 auch Seite 48.1 (OPIS Zagreb); **54.2**, **112** (Gordana Sermek); **54.3** (Zvonimir Atletic); **54.4** (Phant); **54.6** (Ivan Smuk); **54.7** (iascic); **54.8** (Deymos.HR); **56.2** (Georgios Kollidas); **56.3** (iCreative3D); **56.4** (iconmonstr); **56.5** (crispydigits); **58** (Photographee.eu); **61.1** (Robert Bohrer); **62.2** (InsectWorld); **62.3** (alexdrim); **62.4** (Blazej Lyjak); **62.5** auch Seite 60.5 (WDG Photo); **62.6** (bubamarac); **62.7** (MiloVad); **70.1** (Annetje); **70.2** (haveseen); **70.3**, **92** (xbrchx); **70.4** (l i g h t p o e t); **70.6** (EpicStockMedia); **70.7** (C-You); **70.8** (Rido); **75.1** (steve estvanik); **77** (Andrey_Kuzmin); **79.1** (Uber Images); **79.2** (Hallowedland); **79.3** (Ivan Galashchuk); **79.4** (Ivan Milankovic); **79.5** (Andrzej Wilusz); **79.6** (ronstik); **80.1** (Yuriy Rudyy); **80.2** (Neil Podoll); **80.3** (carlo dapino); **80.4** (grafvision); **80.5** (Val Thoermer); **80.6** (Eugene Onischenko); **80.7**, **80.8** (ostill); **86.1** (Jasmine_K); **86.2** (Maggy Meyer); **86.3** (Andresr); **86.4** (pio3); **86.5** (Aleksandar Grozdanovski); **87.1** (Nature Art); **87.2** (Andrey Pavlov); **87.3** (Dmitry Kalinovsky); **87.8** (Alexia Khruscheva); **89.1** (Elvetica); **90** (LianeM); **91.1** (Nancy Bauer); **91.3** (Frank Gaertner); **91.4** (Hieronymus); **91.6** (Igor Bulgarin); **92.1** (Tarzhanova); **92.2** (studioVin); **92.3** (SandraViolla); **92.4** (windu); **92.5** (Ok.nazarenko); **92.6** (Karkas); **92.7** (xiaorui); **92.8** (Matusciac Alexandru); **94** (Dominik Hladik); **99.1** (stocksolutions); **99.2** (Vasily Kovalev); **99.3** (OZaiachin); **99.5** (KKulikov); **99.6** (irin-k); **99.7** (Yeamake); **99.8** (Vince Vega); **99.9** (glo); **102** (Antonio Guillem); **103** (zuzapigeon); **107.1** (Pressmaster); **107.2** (wavebreakmedia); **107.3** (auremar); **109** (Dragon Images); **116** (Kabardins photo); **117.2** (Julie Mayfeng); **120.1** (Irina Bg); **120.2** (Piotr Krzeslak); **120.3** (Ninell); **120.4** (schankz); **120.5** (S.Dashkevych); **120.6** (Dimedrol68); **120.7** (AXL); **120.8** (rangizzz); **120.9** (OHishiapply); **121.1** (mediamix); **121.2** (Lipskiy); **121.7** (ssuaphotos); **121.8** (Elena Kharichkina);

Thinkstock, München: 26.1 (Purestock); **26.3** Eier (photoshkolnik); **89.2** (Scovad); **91.2** (Mypurgatoryyears); **99.4** (Digital Vision.)